どうせなら思いっきり遠く、誰も知らないところへ。

30歳を目前に、わたしは焦っていた。周りの友人は次々と結婚、出産し、家庭を築いていく。片やわたしは彼氏もなく、仕事に追われ、人間関係にも行き詰まり、お先真っ暗。同時に、そんな風に世間体や常識に囚われている自分が嫌だった。いっそ、何もかもから逃げ出したかった。

もっと広い世界を見たい。多様な文化や暮らしに触れたい。

昔からずっと行ってみたかった南米大陸。マチュピチュ、ウユニ、パタゴニア。幼少期に住んでいたアメリカの友人にも会いたい。先住民の人たちの文化や知恵、自然に寄り添った暮らし、北米や南米のあちこちにあるパーマカルチャー・コミュニティやオーガニックファームも訪ねてみたい。

行きたいところ、会いたい人をつなげていくと、おぼろげな「線」が見えてきた。

ふと、学生の時の自転車旅を思い出した。点ではない、線の旅。あんな風にもう一度、その土地の暮らしを肌で感じたい。

そう思って旅に出ることを決めた。

はずなのに……

「ああ、なんてことを始めてしまったんだろう……」

出発3日前、不安の波に押しつぶされそうになりながら、ベッドの上で頭を抱えた。

もし強盗に襲われたら？　何もないところで自転車が壊れたら……？

ああ、わたしちゃんと生きて帰ってこられるかな……？

考えれば考えるほど、そして日を追うごとに不安は雪だるま式に大きく膨れ上がっていく。

さあ、どうなる⁉　わたしの旅？

なないろペダル

世界の果てまで自転車で

青木麻耶

出版舎ジグ
jig

旅に出るまで

キャサリンとジミー

赤くて可愛らしいフォルム、なんでも入る大きなカゴ、夜でも走れるダイナモライト、6段変速のギア。

あれは大学2年生の夏。当時京都に住んでいたわたしは、愛車のママチャリ・キャサリン号を乗り回していた。わたしはキャサリンを愛していた。ママチャリこそが最強だと思っていた。

そんなある日、友人に誘われて琵琶湖を一周することになった。お金がないのでファミレスや漫画喫茶で寝泊まりし、2日半かけて日本一大きな湖、180㎞を一周した。

しかし、わたし以外の友人ふたりはマウンテンバイクとクロスバイクの屈強な男子。山道になるとその差は歴然で、気付けばはるか先で米粒大になったふたりを必死に追いかけるという構図。

こうしてわたしの「ママチャリ最強説」は儚く散り、「もっといい自転車が欲しい」という野望が芽生えた。

それから1年間、アルバイトを3つ掛け持ちし、大枚12万円（キャサリン6台分！）をはたいて手に入れたのが今の相棒、砂利道のような悪路でも走れるシクロクロスのジミーくんである。

ジミーくんを手に入れたわたしは、どこへでも行けるような気がした。日本国内の旅をいくつか経て、以前ヨーロッパを訪れた時に自転車道が整備されていたのを思い出した。

あそこを走ったら気持ちいいだろうなあ。

学生最後の夏休みを前に、いてもたってもいられなくなった。だがひとりで行くのは不安で、半ば強引に友人のしょうちゃんを誘い、オランダ・ベルギー・デンマーク・スウェーデンを周る、1ヶ月のヨーロッパ自転車旅に出た。

そしてわたしはすっかり自転車旅の虜になってしまった。

ゆっくりしか進めない、でもその分、より多くの人やモノ、景色と出会える。

行きたいところに行き、止まりたいときに止まれる。

一日走り終えた後の心地の良い疲労感、その後のビールのおいしさ。

バスや電車のように「点」ではなく、「線」で旅する感覚。観光地では見られない、その土地に住む人々の「生の暮らし」は、「点」ではなく、「線」の上にあるのだ。

あっという間に1ヶ月は過ぎていった。いつか期限も行き先も決めずに心の赴くままに旅がしてみたい、でも社会人になったらそんなことはできないんだろうな、そう思いながら日本に帰ってきた。

なんとなく就職

もともと環境問題や農業、森林関係のことなどを学びたいと思い、農学部・森林科学科に進学した。植物と土壌の相互作用に興味を持ち、ボルネオ島の熱帯雨林をフィールドに、樹木根から出る有機酸を測定するというマニアックな研究をしていた。研究は面白かったが、ひとつのことを突き詰めるよりも幅広い知識を身に付けたい自分には、研究者は向いていないと感じた。だからと言って、いざ働くとなると自分がどんな仕事をしたいのかはさっぱりわからなかった。

周りの友人が進学するからという理由でなんとなく修士課程に進学し、その後も周りの友人が就職するからとなんとなく就職活動を始めた。

みんなが同じような格好をして面接を受ける、没個性型の新卒採用というものに疑問と不満を抱きつつも、それをやめてまでどうしてもやりたい「何か」も、あるいは就職しないという選択をする勇気も、わたしにはなかった。

わたしはいわゆる「レール」から外れるのが怖かったのだ。レールなんて本当はありもしないのに。自分のやりたいこともよくわからないまま、とりあえず大企業に入っておけば安心だろうという安直な考えから大企業ばかりを30社以上受けた。

結果はほぼ全滅。

連日送られてくる、今後のご活躍をお祈り申し上げます、という「お祈りメール」に落胆しながらも、奇跡的に拾ってくれた唯一の会社に就職が決まった。

パソコンより土いじりたい

「メーカーの基本は現場です。新入社員ははじめ全員工場配属になります」という人事の言葉を信じて楽しみにしていたのだが、配属先は銀座本社の経理部だった。

地方で働く夢が断たれ、専門用語や数字と格闘することになった。幸い上司や同僚に恵まれ、銀座OL生活は思ったほど悪くはなかった。ヒールの靴をコツコツ鳴らしながら財布片手にランチをし、決算期には毎日終電までチーム一丸となって闘い、休日には会社のテニス部や、友人とのハイキングで汗を流す、充実した日々。だが一方で、毎日満員電車に詰め込まれて、朝から晩までガラス張りの建物の中に閉じ込められ、パソコンと向き合うことに違和感も抱いていた。本当にこのままでいいのだろうか……。

窓から空を眺めては、ああ外に出たい、もっと自然を感じたい……悶々としていたある日、ネットで見つけた山梨県のNPO法人の求人情報。無農薬のお米や野菜を育て、農業体験イベントなどの運営をするという。「これだ!」最高にワクワクするのを感じた。

「自然の中で暮らしたい」

やりたいことがわからなかったわたしは、「やりたくないこと」が見つかったことで自分の本当に「やりたいこと」に気付くことができた。わたしは会社を飛び出した。

憧れの田舎暮らし

2013年9月、山梨県都留市に移住し、憧れだった庭付きの古民家もすぐに見つかり、ついに念願の田舎暮らしがスタートした。

横浜の団地で生まれ育ち、祖父母も首都圏に住んでいたわたしは、ずっと「田舎」が欲しかった。同じく「田舎暮らし」に憧れていた母は、わたしが小さい頃からよく田んぼや畑に連れて行ってくれた。そしてアトピーに苦しんでいたわたしのために、食材や身の周りのものには人一倍気を遣い、玄米菜食や気功、民間療法などあらゆる手段を試してくれた。そんな母の苦労も知らず、当時はブーブー文句を言っていただけのわたしだが、その時の原体験がきっと、わたしを食や農への興味に駆り立てたのだろう。

3万人の大企業から5人の小さな組織に移り、一人ひとりの影響力の大きさや責任の重さに戸惑うことも多かったが、田んぼや畑の作業に加え、農業体験ワークショップの広報から運営、味噌や麺、手ぬぐいなど商品の製造、パッケージデザイン、在庫管理、販売など、ありとあらゆる仕事をさせてもらった。庭があることが嬉しくて、仕事から帰ってからもヘッドライトを付けて夜な夜なクワを振って開墾した。

お米や野菜だけでなくお肉も自給したいと、狩猟免許(わな)も取得した。と言うと簡単だが、実は狩猟をはじめるきっかけは、OL時代に遡る。会社の先輩に誘われて狩猟を見学しに行ったのだ。自分がお肉を食べる以上は、そのプロセスを知りたい、知らねばならない、と常々思っていた。それを知らずに他人に押し付けるのは何か解せなかった。だから「もしやってみて自分にはできないと思ったら、今後お肉を食べなくてもいい」と思った。だが動物の死体を見ることすらできなかった当時のわたしにとってはかなり勇気のいることで、ドキドキしながら山に向かった。

しかし実際に運ばれてきたシカを前にした時、不思議と恐怖も嫌悪感もなく、ただただ「美しい」と思った。無駄のない野生の美には神々しさすら感じた。そしてはじめて食べるシカ肉は、今まで食べてきたどんなお肉よりも美味しかった。

その時はまさか自分が猟をするなんて想像だにしなかったが、田畑を荒らされ、裏山で鳴き声を聞き、彼らが身近に感じられる環境になってはじめて「狩猟」が現実味を帯びた。

手作業で刈った
稲を束ねる

わなを自作して設置したはいいものの、来る日も来る日も獲物はかからない。見兼ねた地元の人が猟師さんを紹介してくれて、手取り足取り教えてもらった。

それからほどなく、朝の見回りに行くと、小さな子ジカがそこにいた。愛らしい目でこっちを見ては逃げようと必死に暴れている。ようやく獲物がかかったことの喜びと、自分の手で命を奪う罪悪感との挟間で心は大きく揺れた。あの日のことは一生忘れない。

命をいただく以上は、極力それを無駄にしたくない。お肉だけでなく、皮や骨まで余すことなく使いたい。そう思い、インターネットや本から情報を集めて「皮なめし」にも挑戦した。中でも、ネイティヴ・アメリカン（米国先住民）が昔からやっている「脳しょうなめし」という脳みそを使う方法に衝撃を受けた。さらに、なめした革を、腱を割いて乾かして作った丈夫な糸で縫い合わせて靴を作る方法も書かれていた。自然の恵みを使う技術と知恵に、ただただ感動した。

無力感

農業、狩猟、日々の暮らし。自分でできることが少しずつ増えていく喜び。自分の力で生きていけるという実感。わたしは全力で楽しんでいた。生きている喜びが全身に溢れた。これこそ「ホンモノ」だと毎日が楽しくて仕方がなかった。1年半の契約任期を終えた後も残る決断をした。

2年目からは馬を飼って田んぼを耕す「馬耕」を復活させるプロジェクトや、子どもキャンプ、住む人が自分の手で家を建てるためのセルフビルドワークショップ。事業も次々と拡張していった。

だが、任せられることが増えた分、自分の無力、無知をまざまざと突きつけられる。

今まで人に偉そうに言っていたことが、いざ自分がリーダーでやろうとすると何ひとつできない。時間に追われ、人間関係にも行き詰まり、心身ともに余裕がなくなっていった。

自然の中で暮らすことの「楽しさ」を伝えるはずが、自分が全く楽しめない。小さなコミュニティの、少人数のスタッフの中で、視野も思考も、どんどん狭くなっていってしまう……。そう思ったとき、先のことは何も決めずに仕事を辞めた。

仕事を辞めた後も気持ちは晴れなかった。ルームシェアしていた同居人が仕事に出ていく音を聞きながら、布団の中でゴロゴロしている自分に罪悪感を覚えた。

馬と息を合わせて田んぼを耕す「馬耕」

このままでいいのだろうか。

もっと広い世界を見たい。多様な文化や暮らしに触れたい。

飛び出せ日本

どうせなら思いっきり遠くへ。

ずっと憧れだった南米大陸。昔住んでいたアメリカの友人にも会いたい。

行きたいところ、会いたい人をつなげていくと、おぼろげな「線」が見えてきた。

これは……縦断か……?

幸い仕事も家庭もないこの身軽さ。行くなら今しかないんじゃないか……? そう思ったものの踏ん切りがつかず、もやもやを抱えたまま友人たちを訪ね回った。

「自転車で旅に出ようかと思っているのだけど、まだ迷ってるんだよね」

応援してほしいのか、引き止めてほしいのか、自分でもよくわからなかったが、きっと口にすることで決意を固めていたのだろう。

優柔不断な自分が嫌だった。すべて自分で決めて、自分で責任をとらないといけない、ひとり旅に出れば何かが変わるかもしれない。

毎日のように格安航空券の予約サイトをのぞいていた。今日はやめておこうかな。まあ、でももう買っちゃおうかな。買っちゃう？　買っちゃえ！

えい！　ポチッ。

ああああああああ。ついに買っちゃった。

優柔不断なわたしの大きな一歩、カナダ行きの片道切符を手に入れた。仕事を辞めてから3ヶ月が経っていた。

父の壁と母のひと言

山梨の家を引き払い、旅の準備のために実家へと戻ってきたわたしを待っていたのは、父による数々の「引き止め作戦」であった。中南米凶悪犯罪事件の動画を片っ端から見せられ、机の上におもむろに置かれたファイルを開くと、父がネットから拾い集めてきた危険情報の数々。毎日のように「お前が死ぬ夢を見る」だの、「血圧が上がって仕方ない」だのと言われ、挙句の果てには　「お前に良い人を見つけて来たから会ってこい」と言う。

父の決死の引き止め攻撃に、気持ちが揺らぎ始めたわたしに、それまで黙って応援してくれていた母はこう言った。

「あなたこれからアンデスを越えるんでしょ。これくらいの壁、越えられなくてどうするの？」

ハッとした。わたしは試されていたのだ。

それからは少しでも両親に安心してもらえるよう、大まかな計画書、非常時の連絡手段、保険やお金についてのファイルを作った。迷ったときは常に安全第一、身代金を要求されても応じない、などの念書を書いた。世界を自転車で旅した、まささん、かすみちゃん、じゅんじゅん、たかさんら先輩チャリダー（自転車旅行者）に会ってアドバイスをもらい、自転車技師の友人、のすけにタイヤ交換や整備を、元プロのダウンヒル選手めぐみさんにパンク修理やブレーキ・ギアの調整方法を教えて頂いた。

あとから聞くと「よくあれで行こうと思ったな」と言われるほど、わたしは知識も経験も何もなかったのだ。

こうした準備は、「やれるだけのことはやった」という自信につながった。父の心配がなければここまでやらなかっただろうし、母のひと言がなければ心折れていただろう。

カナダ行きの便の中で一番安く、かつ直行便が出る関空へ、新宿から夜行バスで向かう。自転車と荷物の大半は空港に送っていたのでバックパックひとつ。高校の友人や妹、そして妹の友人までがハグを交わし、記念写真で、「大阪に行く」わたしを盛大に見送ってくれた。

怪訝なまなざしの人々に声を大にして言いたかった。

「わたしは大阪じゃなくて、これから自転車で南北アメリカを走る旅に出るんですよ⁉」

2016年5月18日、相棒の自転車ジミーくんを詰めた大きな箱を抱えて、わたしは関空から日本を旅立った。

自転車装備図解

フロントバッグ
オルトリーブ アルティメット5

●カメラ
PENTAX K-5（アメリカで紛失）
OLYMPUS TG-4（キューバで紛失）
Canon Power shot（アメリカで購入）

●モバイルバッテリー
大容量 10,000mAh
（iPhone３-４回分）

●自転車工具①
六角レンチ
スパナ

●おやつ
クッキー
ナッツ類

●その他
日焼け止め
リップクリーム
ヘッドライト

テント
初代　石井スポーツ ゴアテックス
（高田先生に頂いた・砂漠でなくす）

２代目 アルゼンチンのスーパーで購入
（水漏れが激しくてすぐに買い替え）

３代目 チリのホームセンターで購入
（３千円ほどだが最後まで使えた）

iPhone SE
（ナビ代わり）

バックパック
モンベルより提供
チャチャパック 40L

●衣類

●雨具

●その他
洗面用具
常備薬
日記帳
布ナプキン
おりがみ etc.

自転車本体
●フレーム
JAMIS AURORA 2009
（クロモリ・３×９段変換）

●タイヤ
SCHWALBE MARATHON
（32×700C）

●サドル
BROOKS（革サドル）

●キャリア
TUBUS（超頑丈！）

●チェーンロック

●ライト（前後）

フロントバッグ
オルトリーブ
フロントローラー 10L×2
（イーピンさんにもらった）

●調理器具
ガスストーブ
なべセット
はし、スプーン
狩猟ナイフ
まな板（100 均の薄いもの）

●食料
米、パスタ、パン
野菜、果物、調味料、油 etc.

リアバッグ
オルトリーブバックローラー 20L×2
（かすみちゃんにもらった）

●自転車工具②
パンク修理キット
スペアチューブ、ブレーキパッド
空気入れ

●寝具
寝袋（モンベル ダウンハガー）
エアーマット
シルクインナーシーツ

●電子機器
Mac Book Air 13inch（アメリカで壊れて返送）
iPad mini（アメリカで購入，ペルーで盗まれる）
充電器、予備の電池、変換プラグ

基本の服装

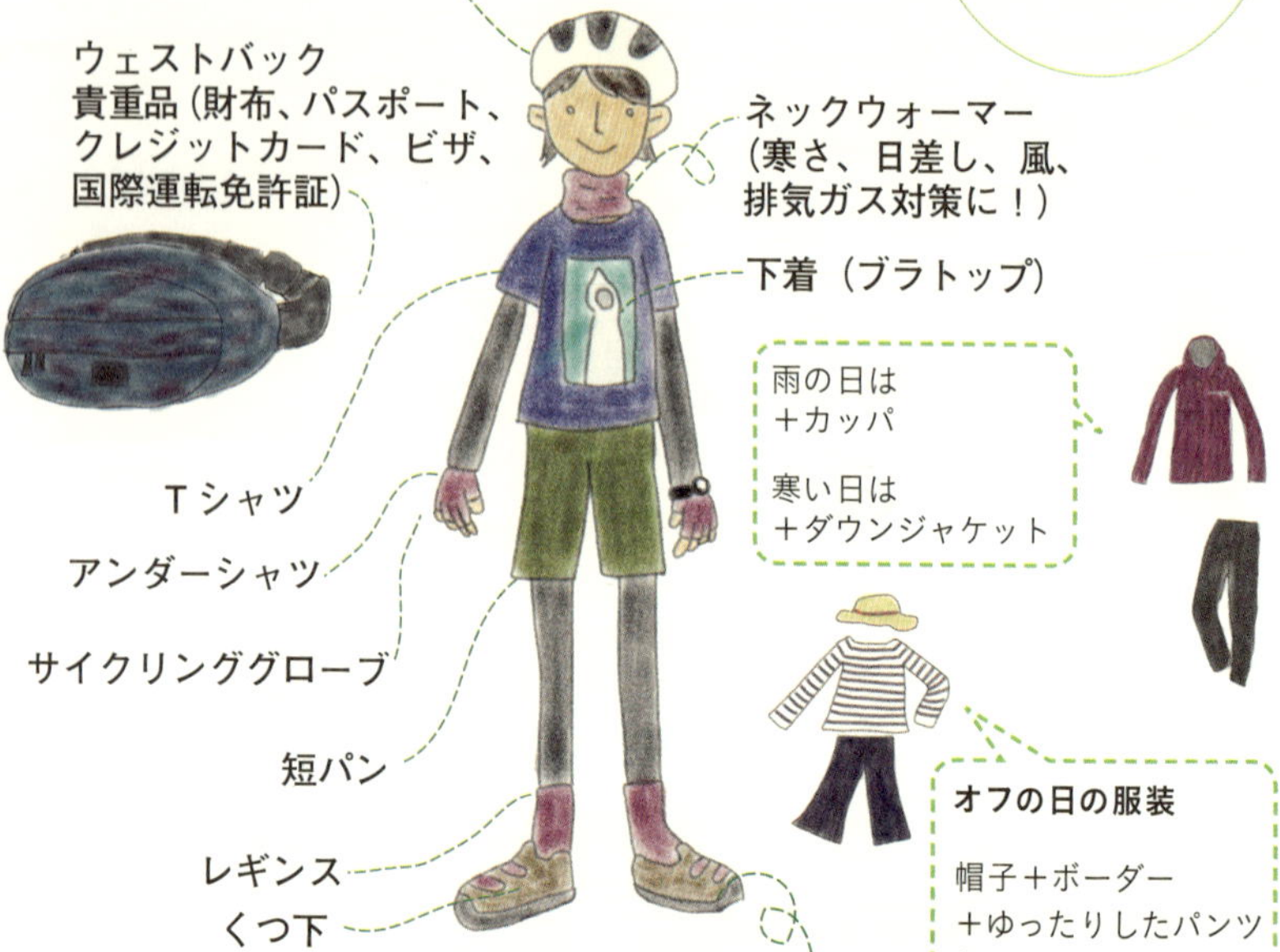

※衣類はほとんどモンベルで購入

あってよかった！

●鼻笛

親友のしょうちゃんにもらい、
常に身に付けていた
言葉が通じなくてもコミュニケーションがとれる！

●狩猟ナイフ

師匠からもらった
これ１本でりんごの皮むきから
鹿の解体まで！

●シルクインナーシーツ

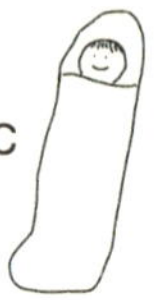

暑い時はこれ１枚
寒い時は寝袋に入れるだけで＋２～３℃
シルクなので快適かつ超軽量！
洗濯も簡単！

●ソーラーランタン

走っている間に充電
キャンプで大活躍！

もくじ

旅に出るまで　5

キャサリンとジミー　5

なんとなく就職　7

パソコンより土いじりたい　8

憧れの田舎暮らし　9

無力感　11

飛び出せ日本　13

父の壁と母のひと言　14

自転車装備図解　17

基本の服装　18

エピソード 1

カナダ・アメリカ編

24

Color page

CANADA, USA 35
Lee Road Farm Community 36, 37
USA 38

いきなりポリスマン 26
リー・ロード・コミュニティ 29
予期せぬ出会い 31
パーマカルチャー入門 32
海辺のナンシー 34
最高の街 40
恋するコニーハウス 42
ローズマリーのパンケーキ 44
リサちゃんについていく 45
愉快な仲間たち 47
Do you want deer? 48
巨木の森の奇跡 50
20年ぶりのアメリカン・ライフ 52
ベイエリア探訪 55
旧友との再会 57
はじめての野宿 59
チュマッシュの人々 60

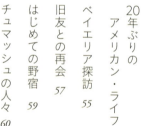

エピソード2

アンデス編

64

Color page

PERU 103

鮮やかなペルーの染めと織り 104-105

BOLIVIA 106

インカの人々 66

チチャと牛耕 68

崖上カメラマン 72

織物の町 73

レインボーマウンテン 75

湖上の暮らし 77

ペルー最後の夜 80

初心者でも登れる6000m級の山 82

一歩一歩 84

衝撃のボリビア料理 87

ウユニの塩ラーメン 90

涙の宝石の道 92

テントが吹っ飛んだ 94

砂漠の中のオアシス 95

くだらない坂 98

意識とテントをなくす 99

最後の宝石 101

無一文 102

アルデア・ルナ 108

カカ・デ・バカ 110

生まれと育ち 112

ワインと鼻笛 114

ふたりの自分 115

一期一会 116

導かれるように 118

白馬とシャンパン 120

ヒッチハイクとアサドパーティー 121

笑っちゃうくらいの悪路の後に 124

飛ばされど飛ばされど 126

アンデスを越えて行け 129

おさかな天国 132

たこ焼きとピスコサワー 134

エピソード 3

パタゴニア編

136

Color page

ARGENTINA 147

Paul & Konomi's House 148-149

PATAGONIA 150

Map

アウストラル街道事件MAP 170

パタゴニアの味 138

アンジェのチュペ 139

世界一美しい林道 141

シンプルライフ 143

アナログのいいところ 144

チャリダー天国 146

はじめてのパンク 152

釣りがしたい 153

トラブルつづきのジミーくん 155

ブレーキがない 157

やさしいフェリー 158

坂の下の虹 160

世界一美しくて過酷な国境越え 162

忘れられないクリスマスイブ 164

はじめての救急車 166

クリスマスプレゼント 169

氷河の味 172

年越しの味 174

グアナコ狩り御一行 177

変わった宿 179

傷心とともに 181

暴風の島 182

仲間のやさしさ 184

チャリダーだらけのパン屋さん 185

世界の果てへ 187

ヒッチバイク始めました 190

エンドリケのエンパナーダ 191

おいしい朝ごはん 193

ワクワクする建物 194

バンブー・チャリダー 196

南米大陸ラストラン 198

エピソード 4
キューバ メキシコ 編
200

Color page
CUBA 231
MEXICO 232

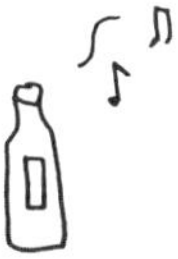

常夏の国キューバへ 202
カミオンに揺られて 203
久しぶりの自転車 206
素晴らしきモネダ飯 208
キューバの男 210
観光客のいない町 212

2度あることは 214
タバコ農家のユカ料理 215
キューバのジレンマ 217
2度目のアメリカ 219
大都市メキシコシティ 221
美食の町 223
原点回帰 224
マヤの住む町 225
生まれ変わりのセレモニー 228
チャムラの教会 229
眠れぬ熱帯夜 233
不思議な宿 236
ビーチでの出会い 237

ミレヤのチレ・レジェーノ 240
旅の終わり 240
ただいま日本 242
エピローグ 245

Appendix
わたしが訪ねた素敵な場所＆ツアー情報 250-253
便利なサービス・アプリ 253
使ったお金 252

エピソード 1

カナダ・アメリカ編

CANADA
5/18-20 Vancouver
5/21-26 Salt Spring Island
FROM JAPAN
6/1-3 Seattle
6/4-15 Portland
6/19 Seven Devils Road
USA
6/24 Avenue of the Giants
6/25-7/24 Marin & Bay area
8/2 Lompoc
8/4-6 Los Angeles
TO PERU
MEXICO

いきなりポリスマン

「何をしているんだ」

バンクーバーの空港に着き、自転車を組立てていたわたしが背後からの声に振り返ると、胸に"POLICE"と書かれたガタイのいいおじさんが近づいてきた。彼も自転車を押していた。

や、やばい。ここで自転車組み立てるのはまずかったかな……ドキドキしていると、

「どこから来たんだ？　どこへ行くんだ？」と職務質問は続く。

「数日間ノースバンクーバーに滞在してからフェリーで島に行くんです」

ポリスマンはポケットからおもむろにケータイを取り出した。

「その島に行くなら、ここのキャンプ場がおすすめだ。景色がきれいだぞ。ほら」

そう言って今度は美しい夕焼けの写真を見せてきた。ポリスマンは自転車好きのおっちゃんだった。ここでシャワーが浴びられるだの、ここのレストランの魚がうまいだの、おすすめスポット情報は30分ぐらい続いた。

親切なポリスマンと握手を交わして別れ、意気揚々とこぎはじめようとした瞬間。

「お、重い……」

想像以上の自転車の重さによろける。

「ブブーーーッ！」

道に出たかと思えば対向車にクラクションを鳴らされ……あれ……？　そう、右側通行の国で反対車線を逆走していたのだ。わかってはいたが、いきなりの洗礼だ。

どうにか正しい車線に戻り、しばらく走っていると目の前にパトカーが。降りてきたのはさっきの自転車ポリスマン。

「さっき、逆走していただろう。これからどこに向かうんだ？」

ノースバンクーバーの知人宅まで、と告げると「ハハハ、それはあっちだぞ」と、逆方向を指される。

「ところで目的地はどこだ？　サンフランシスコか？　ロサンゼルスか？」

「じ、実はアルゼンチンまで……」

「まじか！　そいつは驚いたな！　なんかブログとかやってるのか？」

ノリの良いポリスマン、イアンと連絡先を交換して別れた。

後から聞いた話だが、あれだけ心配していた父も、このイアンとの出会いをわたしのFacebookで知って、「ああ、まやはきっと大丈夫だ」と思ったという。

空港から知人宅までは約30㎞。まあ2時間半ぐらいだろうと夕カをくっていたが、重い自転車は思うように進まず、少しの坂でも一気に減速してしまう。

景色を撮ろうと立ち止まってカメラを取り出したはいいものの、再び出発しようとするとよろけ、そのまま重さに耐えきれずに自転車が倒れること3回。

左右の荷物のバランスが明らかに悪い。そして調子よく走っていたかと思うと下り坂の途中で荷物がどさーっと派手に荷台から落ちた。結局30㎞走るのに4時間もかかってしまった。

やれやれ。先が思いやられる。


「なかなか来ないから心配したわよ」

そう言って出迎えてくれたのはケイコさん。

「バンクーバーにパンクでファンキーなおばちゃんが住んでいるから」と、自転車旅人のまささんが紹介してくれた彼女は、ファッション業界で現役で働く傍ら、留学やワーホリで訪れる日本人向けの下宿もやっている。70歳とは思えないほど、パワフルでカッコイイ女性だ。

ケイコさんに近所の森へ散歩に連れて行ってもらった。吊橋を渡った先には巨木がいくつも立ち並び、エメラルド色の川が流れる。

ちょうど夕暮れで、湖面に写った夕焼けがとても美しかった。

「最高でしょ、ここ」とケイコさん。

「世界中いろんなところに行っても、やっぱりここが一番ね」

20年以上いてもそんな風に思える場所を見つけたなんて。わたしにもいつかそんな場所が見つかるだろうか。

リー・ロード・コミュニティ

カウチサーフィン（旅行者同士が自宅を宿として提供し合う情報サイト）を通して知り合ったカナダ人カップル、メルとアッシュのおすすめで、ソルトスプリング島に向かうことになった。バンクーバー在住の彼らも、世界中を折りたたみ自転車で旅するサイクリスト。彼らが滞在するというコミュニティに一緒にキャンプさせてもらった。

バンクーバーからフェリーで約3時間。フェリーに乗り遅れたわたしは、日没ぎりぎりのタイミングで到着した。先に到着していたメルとアッシュに連れられ、テントを張る。

白髪に白ひげ、おなかがぽっこり出たサンタさんのような風貌で出迎えてくれたのは、コミュニティのオーナー、ハリー。彼は30年前にカナダのトロントからここに移住してきた。

敷地の広さは1000㎡。写真を見て一目で決めたという。元々は農場で、一軒の家とニワトリ小屋、羊小屋、飼葉小屋があり、ハリーはニワトリ小屋を改装して住んでいた。

そのうち、ひとりの若者が住む場所が欲しいと訪ねてきたので、羊小屋に壁と床を張って住まいにした。そしてどこからともなくひとり、またひとりと住人が増え、今や大人14人、子供5人、犬、猫、ニワトリが暮らすコミュニティとなっている。

毎週水曜日の共同作業のほかは特にルールもなく、みんな好きなことをして暮らしている。

誰でも受け入れてくれる人懐こい住人たち。必要以上に干渉せず、適度な距離感を保ちながら暮らす彼らの中にいるととても居心地がよく、2、3日のつもりの滞在が1日、また1日と延びていった。

ハリーはコミュニティを案内してくれたり、海に連れて行ってくれたりした。ビーチに行く前に着替えようとするわたしに、「ここのビーチに服なんていらないよ」と言う。冗談かと思っていたら、本当に生まれたままの姿で海に入っていく様子に笑ってしまった。片足を入れただけで飛び上がるほど冷たい海に、頭まで浸かっている。「ハッハハッハッハッ。これは俺の風呂だ」と笑うハリー。冬でもすっぽんぽんで海に入ることが、70歳でも元気でいられる秘訣だそう。

ソルトスプリング島は人口約1万人、霞ヶ浦より少し小さい、約180㎢の面積をもつ、環境意識のとても高い島だ。ゴミの収集を行っておらず、各自が処理場に運び、重さに応じて処分費用を払う。そのためリサイクルやリユースが根付いている。生ゴミはコンポストやニワトリの餌にするほか、ごみになるような包装ははじめからなるべく買わない。

毎週土曜日に広場で開かれるマーケットは、自分の手作りのものしか販売してはいけないというモットー。ヤギのチーズやフレーバーソルト、焼きたてのキッシュなど、ついつい財布の紐が緩むたのしい市場だ。子どもたちも自分たちで作ったクラフトを売ったり、楽器を買うお小遣い稼ぎに演奏していたりするのだが、彼らの作品も演奏もとてもレベルが高い。

予期せぬ出会い

マーケットを満喫した帰り道、少し困った様子のハリーとバッタリ会った。

「今朝、うちのコミュニティの女性がシカをはねてしまってね。今俺の車に積んであるんだけど……困ったなあ。誰か捌ける人知らない？」彼は冗談のつもりだったのだろう。

「わたしに任せて！ I am a hunter.」と言うと目を丸くして驚いた。

早速家に戻り、荷台からシカを降ろす。朝息絶えてから時間が経っていたので、おなかがガスで膨れ上がっていたが、開いてみると匂いはそんなにひどくない。内臓を取り出し、木の枝に一晩吊るして血抜きをし、翌日解体した。

リブはグリルに、背ロースはローストに、そしてすじ肉はカレーにしてコミュニティの住人たちに振る舞った。臭みもなく、みんな「おいしい！」と喜んで食べてくれた。猟師の師匠からもらった狩猟ナイフを何かの役に立つかもしれないと持ち歩いていたが、まさかこんなに早く出番が来るとは。


ハリーとは毎朝一緒に瞑想をしたり、いろいろな話をしたりした。

「わたしはいつも将来のことを心配している」というと、「将来のことを心配するなんて、起こってほしくないことをわざわざ祈っているようなもんだよ」とハリーは言った。

30年前に土地を買ってから、パートナーの女性との別れや、自らのアルコール依存症を乗り越え、のべ100人近くの人々を受け入れてきたハリー。「ここに住む人達に何か求めることはあるの?」と聞いてみた。

〝Just respect and kindness.〟との答え。尊敬と思いやり。ここがなぜこんなにも居心地がいいのか、彼のこの答えでわかった気がした。

パーマカルチャー入門

ソルトスプリング島を後にし、バンクーバー島を経てフェリーで国境を越え、アメリカ合衆国のオーカス島にたどり着いた。ここには、全米から人が集まるブロックス・パーマカルチャー・ホームステッドというコミュニティがある。わたしは3日間の入門コースを受講し、パーマカルチャーの基本的な理念を実地を通して学んだ。

「パーマカルチャー」とは、Permanent(永続的な)+Agriculture(農業)やCulture(文化)を組み合わせた言葉で、1970年代にオーストラリアのビル・モリソンとデビッド・ホルムグレンによって体系化された。自然のしくみを観察し、伝統的な農業や先人の知恵を学び、そこに新しい発想を加えることで、その風土に合った、人にも自然にも優しい永続的な環境を作り出すためのデザイン体系、ひいては持続可能な生き方や暮らし方のこと。

日本の里山文化はその典型だし、ハリーのコミュニティもまさにそのもの。わたしも今回の旅の中で、こうした「自然に寄り添った暮らし」を訪ねたかった。先住民の暮らしや文化に興味があるのもそのためだ。


ブロックスの敷地内には大きな池があり、そこからソーラーで水を汲みあげ、10万リットルの巨大なタンクに貯水し、そこから広大な敷地に供給するシステムが稼働している。普通は水を節約することを考えるが、「雨は一度海に流れてしまえば海水になる。だから水をどんどん使って敷地内で循環させることで使える水が増える」という逆転の発想。

パーマカルチャーの究極の目的は「世界中を食べられる森にすること」というだけあって、お手本は森の生態系。世界中から集められた多種多様な植物が育てられている。果樹の下に野菜を植え、ぶどうなどのつる性植物を這わせることで、小さな面積でより多くの収量が得られる。

薪ボイラーを熱源にした、多機能なサウナ付き温室も面白い。ここで苗を育て、洗濯物を干し、サウナに入ってシャワーを浴び、ドライフルーツを作ることもできる。

自転車も、ペダル、ギア、ハンドルなどが適切に配置されないと機能しないように、人、モノ、動植物などを適切に配置する（＝デザインする）ことで、少しの資源でより多くの恵みを得ることができるのだ。

海辺のナンシー

次に訪れたのはウィドビー島。さて、今日はどこに泊まろうか。グーグル・マップで見つけたキャンプ場は、シーズンオフで閉鎖していた。こっそり泊まろうかとも思ったが、まだ暗くなるまでには時間がある。もう少し先に進んで夕焼けを見るのもいい。

一度おろした荷物を積み直して再び走り出す。途中で見えた海岸線があまりに美しくて、吸い寄せられるように海辺に降りていった。

ああ、ここでキャンプしたいなあ。

念のため誰かに確認を取ろうと思い、近くの人に聞いてまわる。

「自転車で旅をしているんですが、あそこにテントを張ってもいいですか?」

「ああ、そこの土地の持ち主ならあそこに住んでいるから聞いてみたら?」

指された先は、丘のはるか上。面倒だなあ……そう思って海辺に座ってぼんやりと海を眺めていると、いつのまにか隣に犬を連れたおばあさんが座っている。「こんにちは」と声をかけた。

「あら、こんなところで何してるの?」

「自転車で旅をしているんですけど、泊まるところがなかなか見つからなくて。景色があまりにきれいなので、今日はここにキャンプしようかと」

「え! あなた自転車で旅しているの、ひとりで? しかもここでキャンプ? 怖くないの?

CANADA & USA

①親切な自転車ポリスマン・イアン
②シカの皮を持つハリー
③ハリーたちにふるまったシカ肉のロースト
④湿地から乾燥地までさまざまな環境作りで生物多様性が向上
⑤ナンシーと愛犬のベア

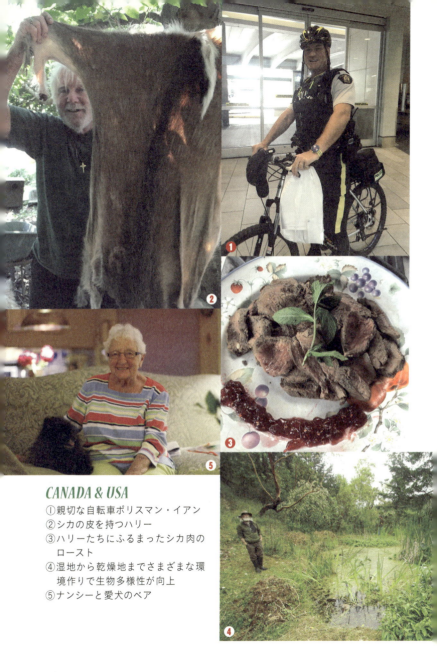

柳の浄化システム

キッチンの排水は、わらをしきつめたトラップで大まかなごみや油分を取り除いてから斜面をつたって流れ、斜面下に植えられたたくさんの柳が、過剰な養分を吸収することで浄化される

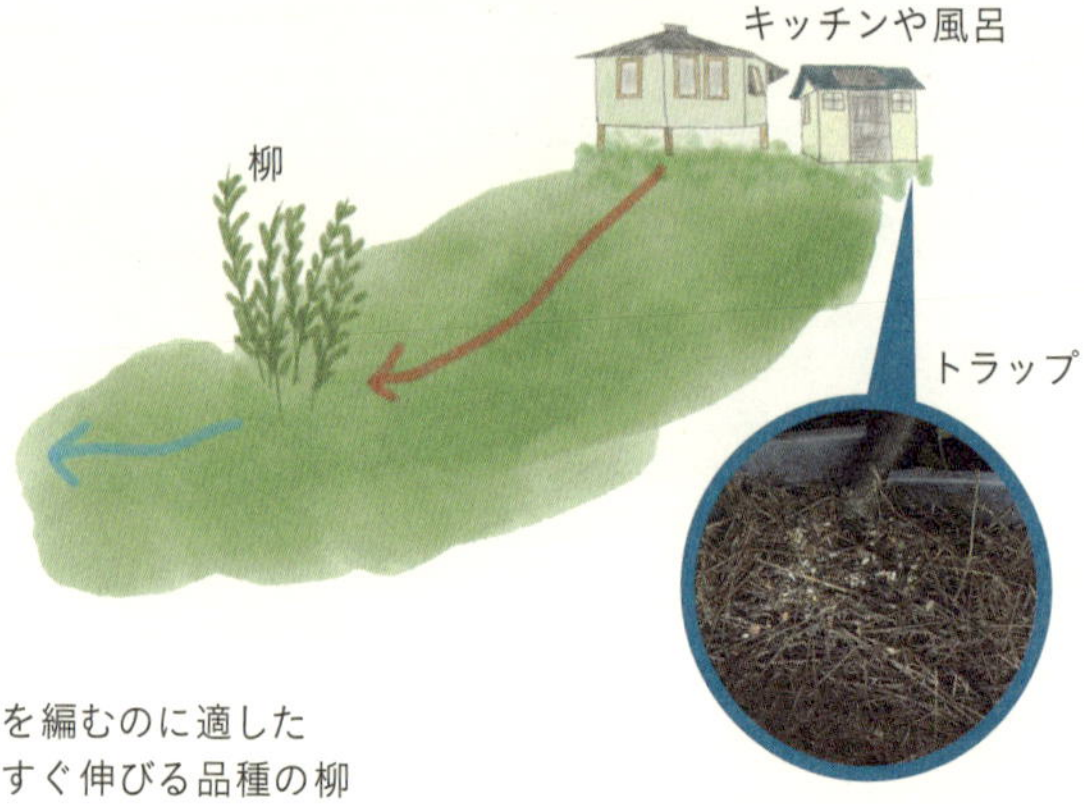

ハリーは
カゴ編み名人

カゴを編むのに適した
まっすぐ伸びる品種の柳

ハリーの手によって
美しいカゴに生まれ変わる

ファームスタンド

野菜や手作りのお茶、アート作品、Kombucha（紅茶キノコ）など販売
ハリーのカゴもここに並ぶ

生ゴミや草を食べ、土を耕し、
糞をして肥やし、卵まで産む
ニワトリはすごい！

大人14人、子供 5 人
犬、ネコ、ニワトリ
で暮らしています

Lee Road Farm Community

@Salt Spring Island, Canada

土や、わら、廃タイヤを利用した家

コミュニティの全体図

ハリーは毎朝
ここで瞑想

飼葉小屋を改築したとは思えないおしゃれなおうち

USA

①腹ペコチャリダーも大喜び！　今夜はシカパーティー
②美しいオレゴン海岸を横目に走るハイウェイ101
③まるで小人になったような巨木の森
④コミュニティガーデンで採れたての野菜をいただく
⑤⑥みんなで交差点にダイナミックな絵を描く

そうね……わたしの家でよかったら泊まってもいいわよ。部屋はたくさんあるわ」

思いがけないお言葉に甘えることにした。

彼女の名前はナンシー、91歳だという。彼女の言うとおり、部屋はいくつもあり、どれも隅々まで掃除が行き届き、ベッドにもパリッとしたシーツがかけられていた。

「どれでも好きな部屋を使っていいわよ。シャワーも使ってね」

まさか温かいベッドで眠れてシャワーまで浴びられるなんて！

シャワーの後、お茶を飲みながらナンシーとおしゃべり。ご主人はずいぶん前に亡くなり、子どもたちも巣立ち、愛犬のポメラニアン「ベア」と静かに暮らしている。

足が悪くあまり歩けないが、今日はたまたまベアが歩き足りないからと海辺に散歩に来たところ、わたしと出会ったのだった。

何かお礼がしたくて、翌朝、朝食を作ることにした。家にあるものと持っていたもので卵焼きとお吸い物。和食を食べたことのないというナンシーはとても喜んでくれた。

たった一晩だったけど、まるで家族のように親切にしてくれたナンシーは、出発するわたしにぶどうやバナナを包んで持たせてくれた。彼女は今も事あるごとに〝You are amazing!〟とFacebookでコメントをくれる。そんなナンシーの方がずっとAmazingだ。

最高の街

ウィドビー島からシアトルを経由し、ポートランドへ。

環境意識の高い街として近年注目を集めているポートランドでは、環境活動家のディックの紹介で、コーハウジング・コミュニティに住むローズマリーにお世話になった。

ここカーリーグローブは住民たちが計画段階から参画して作られた住宅地で、各家の屋根には太陽光パネルと太陽熱温水器が備え付けられ、断熱材・ペアガラス・木製サッシで徹底的に断熱性能が高められている。

敷地の中央にはコミュニティガーデンやコンポスト。ニワトリや鴨、ミツバチが飼われ、食料調達だけでなく、住民同士のコミュニケーションの場にもなっている。ちょうどラズベリーがたわわに実っていて毎日食べ放題。ローズマリーは毎朝ベリーのスムージーを作ってくれた。

ローズマリーとご主人のデイビッドは、それは理想的な夫婦で、いつも夫婦仲良く穏やかにわたしの話を聞いてくれた。そんなふたりと同じ時間を共有するだけで、わたしの気持ちも満たされるほどだった。

ポートランドではオーガニックスーパーも多い。粉や液体は量り売り。野菜だけでなく肉や魚も、生態系に配慮した捕獲方法やエサによるものだけを販売している。

ファーマーズマーケットでもオーガニックなものが並ぶ。中でも自転車アイスクリーム屋さんの「ベーコンエッグアイス」が奇抜でおいしかった。

解体した家やビルの廃材を取り扱う「リビルディングセンター」には、木材や建具のみならず、蛇口や便器まで並ぶ。自転車交通も発達していて、カフェ併設のおしゃれな自転車屋さんもある。街を歩けばマイクロ・ブルワリーに当たる、というほどクラフトビールづくりも盛ん。何から何まで、最高の街だ。


ちょうど6月恒例のまちづくりの祭典、Village Building Convergence の真っ只中。パーマカルチャーや自然素材を使ったナチュラルビルディングのワークショップが連日行われていた。街のあちこちで交差点にみんなで大きな絵を描く「交差点ペインティング」にわたしも参加した。楽しい作業を通してご近所さん同士の連帯感が強まる上に、絵が描かれた交差点では、車のスピードも緩やかになり、事故も減ったそう。元々ゲリラ的に行われたこのイベントがきっかけで、今のように世界中から注目を集める街に発展して行ったというのもうなずける。


世界各地から集まった、まちづくりに関心の高い参加者と多くの議論をしたが、その中で特に印象に残ったワークがある。まず参加者が横一列に並び、いくつかのお題が出される。

「Yesなら一歩前に、Noならその場にとどまってください」

最初のお題は「白人であるか」。ほとんどの人が一歩前に進み、わたしは取り残された。

その時の疎外感は、日本で日本人として生きている以上は感じえないものだった。「男であるか」「肉体的精神的な障害はあるか」「大学を卒業したか」といった10の質問を終えた時点で、立ち位置がバラバラになった。ファシリテーターはこう告げた。

「これが社会そのものなのだ。スタート地点でこんなにも違う」

多種多様な背景を持つ人たちが入り混じるアメリカという国では、そうした多様性を抜きに議論をしても合意形成はできない。わたしたちはあまりにも違う。その違いを認めることから始まるのだ。

恋するコニーハウス

ローズマリーに連れられ、パーマカルチャーを教えているコニーの家を訪ねた。

彼女は食用のうさぎを飼い、それをさまざまなものと物々交換している。うさぎの皮で作ったスリッパ、脳みそでなめしたシカ革、エルク（シカの仲間）の角から作ったスプーン、陶器の水ろ過装置、草木染めで織り上げたマフラー……！　わたしは終始興奮しっぱなしだった。

庭には食用から染料用までさまざまな植物が育てられ、洗濯やシャワーのための雨水タンクには金魚が飼われている。金魚がボウフラを食べてくれるので蚊も発生しない。

再婚したばかりだというコニーは、結婚式には一銭も使わなかったそうだ。会場は交差点。人と人が出会う場所。そこを仲間たちが飾り付け、食事や花を持ち寄った。衣装はコニー自身が染め上げ、仲間たちが演奏をして盛り上げた。写真からも想いのたくさん詰まった、素敵な結婚式だったことがよく伝わってきた。別れ際の、コニーの言葉が嬉しかった。

「あなたに、日本へ帰ってからどうするのかって聞きそうになったけど、それは野暮な質問だったわ。あなたはすでに〝自分自身〟を生きているものね。あなたのような若い女性が旅する時間を持つというのはいいことだわ」


コニーにはジェフというシェアメイトがいた。

彼は、自ら養蜂したはちみつからミードというお酒を作る。先住民技術にも精通していて、これから仲間と一緒に本格的に養蜂やファームを始めるため、もっと広い土地を探していると言う。自分でなめしたという鮭の皮や弓矢を見せてくれた。

夜には、友人がライブをやるというバーに連れて行ってもらった。いつもわたしの目をまっすぐ見つめ、話を聞いてくれた。

素敵な人だった。ポートランドを去る前夜も会いに行った。数回しか会っていないのに、わたしは彼に恋してしまった。彼も同じ気持ちでいてくれたようだった。去り際に彼はこう言った。「君はこれから南米を旅する間にもっと素敵な男性と出会って、きっと僕のことなんて忘れてしまうだろう」

先のことなんてわからない。無事旅を終えたら、最後にまたここに戻ってこよう。そう密かに思いながら、わたしは何も言えなかった。

ローズマリーのパンケーキ

「今日はマヤの旅立ちの日だから」と、ローズマリーが朝から特別にオートミールパンケーキを焼いてくれた。愛情がたっぷり詰まったパンケーキはとびきりおいしくて、ひとくち食べるごとに、この2週間弱の情景がぽろぽろと思い出されて、胸がいっぱいになった。

ローズマリーとデイビッドと別れを惜しんでいると、隣に住むルースがやってきた。彼女はロードバイクを颯爽と乗りこなすかっこいい女性。

「今日は仲間とツーリングに行く予定だったけど、マヤと走るわ」とわざわざ予定を変更して先導してくれることになった。なんとも心強い。

街を出たところでルースと別れ、しばらく走ると雨が降ってきた。徐々に強まる雨脚と退屈な景色、猛スピードで通り過ぎる車。数百mおきに転がるタヌキや鳥のロードキル（轢死体）を見ているうちに気が滅入ってくる。ポートランドでの日々が素晴らしすぎて、遠ざかるほどに寂しさは募る。これからどうなるのだろう。ひとりでやっていけるのだろうか。もっといたかった、ジェフに会いたい……。涙があふれるのを必死に堪えながら、ペダルを踏み続ける。

その日たどり着いた町には宿もキャンプ場もなかった。近所の公園をウロウロしながらテントを張れそうな場所を探していたが、ふと、「町中で野宿するなら人の庭が安全」という先輩からのアドバイスを思い出した。

「お庭にテントを張らせてもらえませんか」突然のお願いに驚く住人。1軒目のお宅はダメだったが、「向かいのおうち、お庭が広いから聞いてみたら?」と言われて2軒目へ。コワモテのおじさんが出てきたが、快くOKしてくれた。わたしの実家がまるまる3つは入る広さの庭で、東屋の下にテントを張らせてもらった。安心して眠れる場所があるのはありがたいことだ。

リサちゃんについていく

アメリカ西海岸を南北に走る国道101号線沿いには、50〜60㎞おきにキャンプ場が点在し、ハイカー・バイカーサイトと呼ばれる、徒歩旅行者や自転車旅行者用のキャンプサイトは5〜10ドルで宿泊することができる。

ポートランドを出発してから3日目、海の近くのキャンプ場のハイカー・バイカーサイトに着くと、数人のチャリダーと出会った。それまでチャリダーにほとんど会うことはなかったので、それだけでとても嬉しい。

わたしと同じくひとりで走っている女の子もいた。サンフランシスコ出身のリサ。かわいくて明るく、賢い女の子。同じくバンクーバーを出発し、同じようなルートを経由してサンフランシスコを目指している。今まで他にひとりで走っている女子を見たことがなかったので、出会えて本当にラッキーだ。年齢も近く、走ってきたルートも似ていて、行き先も同じ。わたしたちはすぐに意気投合した。彼女は用意周到で地図も3種類くらい持っている。片や地図もなく無計画で、この数日心細い想いをしていたわたしは思い切って聞いてみた。

「もしよかったらついて行ってもいいかな?」「いいよ〜」

こうしてふたり旅になった。

ひとりで走ること、人と一緒に走ること。それぞれ良し悪しがある。自転車旅の場合、ペースが違う相手と走ることはお互いのストレスになることも少なくない。その点、リサとの相性はバッチリだった。

とはいえ、わたしは上り坂が苦手で、気付けばいつも点のようになったリサの背中を追いかけていた。リサはいつも頂上でストレッチをしたり、スナックを食べたりして、文句ひとつ言わずにわたしを待っていてくれた。一方わたしは下り坂が得意で、ほとんどブレーキもかけずに一気に駆け下りる。アップダウンが続く道では上りで置いていかれ、下りで追いついた。

そして、わたしもリサもビール好き。一日走り終えてキャンプ場にたどり着くと、いつもビールを1本買ってふたりでシェア。アメリカの西海岸沿いには多種多様なクラフトビールがあり、毎日違う種類のビールを試すのが楽しみだった。

愉快な仲間たち

チャリダーは、同じ方向を目指している限り、抜きつ抜かれつして何度も出会いと別れを繰り返すものだ。

「エスプレッソの起源を知ってるかい?」ベルギー人のヤンはとても熱血で博識。昼食後にエスプレッソを飲みながら、「昔イタリアでひどい干ばつがあったときに、水を節約しようとして生まれたのがエスプレッソなんだよ」

前日はLindemans Frambioseというラズベリービールを取り出し、「このビールはベルギーのこの川にしか住んでいない微生物によって発酵されるから、他の地域では作れないんだよ」と教えてくれた。このビールがめちゃくちゃおいしかった!

ドイツ人のグンターは、今まで見たことがないぐらい大きなテントを使っていた。テントだけで6kgあるらしい。チャリダーは少しでも荷物を減らしたいものなのに凄まじい装備だ。

朝食を作っている様子にさらにびっくり。カバンから次々と登場する調理器具。キャンプ用というより家にあったものをそのまま持ってきたという感じ。フライパンに卵を次々と割り入れ、大量のベーコンを投入してベーコンエッグを作った。夜には1kgほどのパスタを食べていた。

「なんでそんなに食べるの?」

「この重い装備を全部運ばないといけないからね!」

本末転倒とはこのことか。

リサと同じく、サンフランシスコから来たダオ。ヤンは以前に何度かダオと行き合ったらしく、「キャンプの装備を全部持っているのに予報が少しでも雨だとモーテルに泊まる奴がいる」とネタにしていたので、わたしとリサは彼を見るなり顔を見合わせて笑ってしまった。彼は途中でひざを痛めてしまったようで、片足をひきずっていたが、それでも常にジョークを飛ばすほどポジティブで明るい男だ。非行に走った少年少女のための学校の先生をしているという彼は、面倒見がよく、毎日のようにスーパーでローストチキンをまるまる一羽分買って、みんなに振る舞っていた。

肩を並べて走り、一緒にご飯を食べて、同じ景色を眺めていると、出会ったばかりだとは思えないぐらい一体感や連帯感が生まれてくる。

海辺のキャンプ場で夕飯を食べ終え、夕日を眺める。太陽が沈むに連れて、徐々に海の色が変化していく様子を眺めながら、熱い男、ダオはこう叫んだ。

「もし100万ドルあったとしても、俺は今この瞬間こうすることを選ぶぜ！　最高だぜ!!」

Do you want deer?

リサと走り始めて3日ほど経ったある日、出発早々彼女とはぐれてしまい、キャンプ場で合流することにした。セブン・デビルズ・ヒル（7つの悪魔の丘）というその坂は、その名の通り悪魔のようにエグかった。ちょうど坂を上りきった頃、道端の「あるもの」に目が止まった。

車にはねられたと思しきシカが横たわっている。一度は通り過ぎたが、なんだか気になってしまい、また引き返した。すでに息絶えていたが、触ってみるとまだ温かい。

これ、まだいけるんじゃ……？

どうしよう、ここで解体するか。でもすでに荷物は重いし、キャンプ場まであと30㎞ほど走らなければいけない。何より、キャンプ場へシカ肉を持っていって、ドン引きされたらどうしよう。でもこのままにしておくのはもったいない。

ぐるぐると考えが頭をめぐる。ひとまずリサに電話することにした。

〝Hi Lisa, do you want deer?〟（もしもしリサ、シカ［deer］いる？）

〝Oh, beer. Yes I'll get it.〟（あ、ビアー［beer］？　うん、わたしが買っておくよ。）

そう。我々は毎日ビールを飲んでいた。「シカいる？」なんて質問はおそらくリサの人生史上はじめてだっただろう。

「いや、ビ・ア・ーじゃなくて、ディ・ア・ー。お・に・く」

「ん？　シカ？　えっと……足が４本の？　角の生えてる？」

「うん。今、路上で車にはねられたシカを見つけたの。わたし日本でシカ狩りをしていたから、解体の仕方はわかる。まだフレッシュだよ」

「……うーん、よくわからないけど、もし食べるなら少し味見してみようかしら」

リサは困惑しつつも承諾してくれた。さすがにまるまる一頭を積むのは重いので、後ろ脚を一本いただいて荷台にくくりつけ、残りは森にひきずって還した。

キャンプ場に着くと、リサをはじめ他にもチャリダー数人がいて、シカの脚を持ったわたしを見るなり、「わお!!」と大興奮。

「今日はチキンいらないな!」とダオが笑う。

皮を剥ぎ、部位ごとに切り分けて精肉する。内ももの柔らかい部位はタマネギと一緒にローストに、すじ肉はトマトシチューに。シカを食べるのははじめてだという人がほとんどだったが、みんなその臭みのなさと旨味に驚いていた。日本を発ってからわずか1ヶ月のうちに2頭もシカに出くわすとは。人生何がどこで役に立つのかわからない。

この「シカ事件」は、のちにチャリダーの間で噂になり、聞くところによると、わたしが会ったことのないチャリダーのおじさんは傍にいたニワトリを見てこう言ったという。

「マヤがここにいたら、お前を食ってるな」

道路ではねられたシカを解体して脚をいただく

巨木の森の奇跡

リサと走りはじめて10日目。巨木の森、アベニュー・オブ・ジャイアンツに突入した。樹齢何百年ものメタセコイアが立ち並ぶ森の中を走っていると、まるで自分が小人になったような気分になる。

この道を走った経験のあるダオ曰く、「パンケーキ並に平らな道だぜ」という。それまでのアップダウンにうんざりしていたわたしとリサは期待していたのだが、実際はけっこうなアップダウンで、「ダオは一体どんなパンケーキを食べているのかしらね。これじゃあパンケーキじゃなくてワッフルじゃない！」とリサが叫ぶ。

この日の走行距離が１００㎞を越えた頃から、自転車の様子がおかしくなった。とにかく重くてなかなか思うように進まず、あっという間にリサに引き離されてしまう。

そんなに疲れているのか、わたし？

ゴールまで残り数㎞、無理やり走ってキャンプ場に到着すると、ダオが待っていた。

荷物を下ろし、後輪の様子を見ると、スポークが折れ、ホイールは大きく歪んでいる。

車輪を回そうとしてもピタッと止まってしまうほどの歪みっぷり。「これでよく走ったな〜」とリサやダオに感心される。

パンク修理すらしたことのないわたしにとって、スポーク交換なんぞ未知の領域。工具を持っていたとしてもやり方がわからないし、壊れたら自転車屋さんに持っていくつもりだったが、ここは巨木の森の中。次の町まであと数十㎞。ダオもリサも工具を持っていない。

一縷の望みを託して、隣のキャンプサイトにいたチャリダー3人組に声をかけてみた。

「君はうってつけの人に声をかけたね。彼はホイールビルダーなんだよ」

ジョーダンというその青年はなんとホイールビルダー、自転車の車輪を組み立てるプロだった。車輪のことを熟知している彼は当然ながらそのための工具もスペアのパーツもすべて持っていて、いとも鮮やかにスポークを交換し、歪みも取ってくれた。

ああ、わたしはなんてラッキーなんだろう。タイミングが少しでもずれていたら出会わなかったであろう、すべての奇跡に感謝せずにはいられなかった。

20年ぶりのアメリカン・ライフ

10日間、一緒に走ってきたリサと別れ、サンフランシスコの北にあるフェアファックスという町にたどり着いた。

ここにわたしは5歳から8歳まで住んでいた。

わたしはずっと親の仕事の関係だと思っていたのだが、実のところ両親はふたりそろって留学するために渡米したのだと大人になってから知った。無垢な幼少期に異国の文化や暮らしに触れ、国や人種の垣根を超えて友達を作って欲しいという母の願いもあったようだ。それにしても、わたしの旅にあれだけ反対した父が、ふたりの幼い娘を連れて渡米とは、なかなか思い切ったことをしたものだ。

当時、家族で住む家を探す間と帰国前の計9ヶ月間、隣町のサンアンセルモで、母が学生時代にホームステイしていたアレトン一家にお世話になっていた。典型的なアメリカの住居といった感じで、家も人も食べ物も家具も何もかもアメリカンサイズ。娘のミッシェルはわたしより2つ年上で、わたしは何をするにもどこに行くにも、金魚のフンのように彼女の後をついて行っていたものだ。

言葉もわからないまま現地校に放り込まれて泣きじゃくっていたわたしも、3年も経てばすっかりアメリカ人。「もうすぐ日本に帰るよ」と言われて、「え、どうして？わたしはアメリカ人でしょ」との返しには、さすがの母も驚いたという。

そんな思い出の場所に20年ぶりに帰ってきた。子どもの頃のおぼろげな記憶を頼りに、アレトン家の前に立った。

一気に懐かしさがこみ上げてくる。出迎えてくれたアメリカの両親、トムとリルカの姿を見た瞬間、涙が止まらなくなった。熱いハグを交わし、深夜までたくさん話しをした。話すことが多すぎてどこから話したらいいのやら。

トムとリルカはホームステイ受け入れ事業をしている。1ヶ月近く滞在させてもらう間、雑用のアルバイトをさせてもらった。

ある日の朝、トムから事業立ち上げ当初の話を聞かせてもらった。

日本の学校相手にホームステイプログラムを売り込もうとしていた約40年前、日本の企業はどこも「1年目の」財団とは取引をしようとせず、全く相手にしてくれなかった。諦めかけていた時、トムは鏡の前の自分にこう問うた。

「お前は〝できることはすべてやった〟と言い切れるのか？」

そこでやり残したことに気付いた。大企業は相手にしてくれないだろうとハナからあてにしていなかった。その後、根気強くあたったところ、ある大企業が15分だけ時間をとってくれることになった。トムは念入りに準備をし、見事にチャンスをつかみ、その年200人の生徒を受け入れた。そして今や従業員100人以上、100カ国以上から生徒を受け入れる立派な組織に成長した。

20歳の時にたった20ドルを握りしめてスロバキアからやってきたトムは、まさにアメリカンドリームを成し遂げた人物なのだ。どんなに裕福になってもけっして驕らず、常に愛と慈しみにあふれているトムとリルカは、従業員ひとりひとりを家族のように大事にし、忙しい合間にも世界中を旅し、日々を全力で楽しんで生きている。

職場では毎月「テーマランチ」というイベントがあり、わたしの滞在中には「母国の郷土料理」がテーマだった。フィリピンのチキンスープ、中国のチャーハン、ロシアのピロシキが並び、わたしも肉じゃがを作った。従業員の家族も一緒になって、障害物競争や染物などで盛り上がる。これも勤務時間内のイベント。こんな楽しい職場、みんな辞めないわけだ。

滞在中の1ヶ月の間に友人家族と再会したり、BBQパーティーをしたり、家のプールで泳いだり……と、絵に描いたような「アメリカン・ライフ」を満喫した。子供の頃の記憶では「森の中の小さな町」というイメージだったフェアファックスも、今や立派な高級住宅地。逆に、あの頃はとてつもなく広く思えた小学校は、驚くほど小さかった。

ベイエリア探訪

アレトン家に滞在中に車を借りて、浜松から来ていた友人のキヨさんとようちゃんとともに、ベイエリア周辺に数多く集まるパーマカルチャー・スポットを訪ねて周った。

はじめて運転する海外の道。自転車で走っているので右側通行には慣れたが、左ハンドルにはまだ慣れず、右左折の度に誤ってワイパーを動かしてしまう。

まずはバークレーに住むふさこさんの元を訪ねた。

20年ぶりに会ったのだが、全く変わっていなくてびっくり。とても80歳とは思えないぐらいパワフルで、彼女のさまざまな武勇伝を聞くのか面白かった。

戦時中、空襲から逃げた話。アーティストの前夫を追ってインドに住み、ネパールでヒッピーに出会い、Love & Peaceを掲げて生きる彼らに感化され、自らもヒッピーになり、カナダからメキシコまで子連れでヒッチハイクした話。その後、ニューメキシコのヒッピーコミューンで暮らし、バークレーにたどり着いてふとん会社を始めたという話。アメリカに〝futon〟という言葉を広めたのも、ふさこさんだという。

ふさこさんは長いこと「核のない未来」を目指してきた平和・環境活動家で、20年前はわたしの両親も一緒に活動していた。

「生きるためにはなんでもやったわ。だから失うことは怖くないの。何もなかったからなんでも自分で作ったわ」

そう言って笑う彼女からは、厳しい時代を生き抜いてきた強さと、少女のような無邪気さを感じた。ふさこさんの人生はへたな小説よりも面白い。自伝を執筆中らしいが、なかなか納得が行かず、かれこれ20年書いているのだとか。

ご主人のミノさんも、料理、左官、配管、電気工事、畑、大工、ヤギの乳搾り、家具作り、など、誰から教わるでもなく、ありとあらゆる技術を独学で身に着けてきたそうだ。お庭にはたくさんの野菜が自然農で育てられていた。

続いてオークランドへ。

パンチョとサムが5年前に始めたカサ・デ・パス（平和の家）。ここでは毎週日曜日、近所の人に無料で果物や野菜を配布する「フルータ・ギフト」というイベントを行っている。この日も

40人近い人が来たそう。毎日朝晩1時間瞑想をしており、毎週金曜日には瞑想のあとに手作りのヴィーガン料理を振る舞っている。

わたしたちも夕方の瞑想に参加させてもらった。この地区はギャングの巣窟で、治安が悪いことで有名らしいのだが、彼らは鍵もかけずに誰でも受け入れている。カサ・デ・パスの周辺にはとても平和な空気が流れていた。

そして、50年以上サンフランシスコのど真ん中で野菜を作り、無料で配り続けているツリーさんを訪ねた。ツリーさんの仕草ひとつひとつがまるで植物と対話するようで、いつまでも見ていたい気持ちになる。ポピーシードをわたしの手の上にのせ、その一粒を指してこう言った。

「この小さな粒には宇宙全体が詰まっている。そして我々はこの一粒よりもさらに小さいんだよ」

40~50年前はヒッピータウンだったベイエリアも、ベンチャー企業の参入で土地の値段がぐんぐん上がる一方で、ホームレスも増えているという。まさにその場所で、彼らはギフトエコノミーを実践しているのだ。

旧友との再会

1ヶ月ほど滞在したアレトン家を後にして、再び自転車で走り出した。目指すは500㎞南のロサンゼルス。小学校時代の友人タニーシャが、ちょうど夏休みで帰省しているタイミングで、夫の実家にいるというので会いに行く。

夫のジェシーは空軍軍人で、家族と共に沖縄に駐留している。タニーシャは今や3児の母。沖縄で保育士のパートをして、アメリカに戻ってきたときに本格的に働けるように準備したいという。自分のことですらいっぱいいっぱいなわたしとは比べものにならないほどしっかりしている。子供たちとレゴをし、近くの海岸にクジラを見に行き、和食好きというジェシーのお母さんのために親子丼を作ってみんなで食べた。

タニーシャとは昔話から今の家族、そして将来のことまで、いろいろな話をした。片や3児の母、片や独り身の旅人。お互いをうらやましく思う気持ちも、満足している部分もある。

わたしはずっと聞けなかったことを思い切って聞いてみた。

「沖縄では米軍基地の反対運動が大きくなっているけど、それについてどう思ってる?」

ちょうど日本では連日、普天間基地の移設問題のニュースが大きく取り上げられていた。

「うーん……そう言われても……任務で来ているだけだからねぇ……」

タニーシャの家族は絵に描いたような幸せな家族。ジェシーは本当にやさしくて素敵な男性で、理想的な父親だった。「命の危険を知っているからこそ、一緒にいる時間を大切にしている」という彼女。きっとわたしには分からない葛藤も抱えているのだろう。

でも武力は平和をもたらすことはできない。そう考えるわたしは内心複雑だった。

はじめての野宿

国道1号線も101号線と同様、西海岸を南北になぞるように走っている。その中でもカルメル川からサン・カルポフォロ・クリークまでの海岸線140㎞は「ビッグ・サー」と呼ばれ、絶景が続く、チャリダーの中でも人気のルート。

わたしも、ここを走るのを楽しみにしてきた。ところが、キャンプ場に着くと〝CLOSED〟の看板が。数日前に発生した山火事が収まらず、このあたりのキャンプ場はすべて閉鎖されているという。どうしよう……。

これまで野宿をしたことのないわたしは、先輩チャリダーに教わった野宿スポット探しのコツを思い出し、「車で入りづらく、人目につかないところ」を探しながら進むが、なかなか見つからず、そうこうしているうちに日が暮れてきた。

焦りを感じつつも、夕日がきれいでつい見入ってしまう。探すのも疲れてきたので、人の敷地に入って行く。誰もいなさそうなので朝までここで寝るか、とこっそり設営していると、車が帰ってきた。「やばい!」反射的に身を伏せ、隠れてみたが、車から降りてこっちに歩いてくる。だがオーナーはとっても親切で、こんな不審者を快くキャンプさせてくれた。最初から正直に言えばよかった。

翌日は濃霧で、せっかくの絶景も全く見えない。だがこの霧のおかげで降水量が少なくてもセコイアが生育できるという。そしてセコイアは絶滅危惧種であるコンドルの住処になるのだ。そうと知ればこの霧もありがたく思えてくる。

坂を下り、海岸線に下りると砂浜にトドが転がっていた。トドは陸では「テレビを見てゴロゴロしているおじさん」のように、たまにお腹をポリポリとかいたりしているだけだが、ひとたび海に入れば1年で1万マイル（1万6千㎞）も泳ぐという。見かけによらないものだ。

チュマッシュの人々

サンフランシスコからサンディエゴまで走ったルートの大半は、かつてカトリック教会の宣教活動が行われたミッション・ルートと重なる。ロンポックにあるミッション（布教施設）は、数あるミッションの中でも最も復元されているというので、行ってみることにした。

復元されたミッション建築は素晴らしく、元のものとほとんど同じ工法。壁は日干しレンガと漆喰、屋根は赤土の瓦、そして梁の固定には牛革が使われていた。

併設の博物館で「チュマッシュ族」という先住民の存在を知った。彼らは16世紀半ばに宣教師が来るまで、少なくとも1万年以上ここに住んでいて、他の先住民同様、狩猟採取を基盤とした、自然と共生する高度な文化と技術を持っていた。〝Chumash〟というのは「ビーズ職人」あるいは「貝殻の人々」という意味で、彼らの生活に貝は欠かせないものだった。貝殻から作られた何千もの細かいビーズや、水が運べるほど目の細かなカゴの展示に大興奮。伝統的な暮らしはほぼ残っていないだろうけれど、無性にチュマッシュ族の人に会いたくなってしまった。

学芸員のおじさんによれば、ソルバンの近くにあるサンタ・イネスに居留区があるらしい。ソルバンと言えば、デンマーク風のかわいらしい町だと聞いたところ。かなりの遠回りになるが行ってみよう。

20世紀初頭のデンマークからの移民が多いソルバンは、デニッシュやワインの店が多く、まさしくデンマークを意識した町だった。

かわいい町並みに満足して海に向かっている途中、大事なことを忘れていることに気付いた。そう、チュマッシュに会いにきたのだよ、わたしは。

坂道をだいぶ上ったところだったので、引返すかどうか迷った。わざわざ行っても何も見られないかもしれない。それでも、行かなかったらもっと後悔するだろうと思い、坂を下る。

サンタ・イネスに着き、まずチュマッシュの人々が働いているというカジノに行った。「ネイティヴ・アメリカンとカジノ」と聞くと、なんだか違和感があるが、カジノ経営は多くの居留区で基幹産業となっていて、部族の文化復興や医療・教育等の発展を経済的に支えてもいる。しかし道徳的な理由から反対意見も多く、その規制をめぐってはカリフォルニア州で長らく法廷闘争にもなっているらしい。

やってくる数々の高級車に紛れ、カジノに迷い込んだ汗だくのチャリダーはどう見ても場違いだ。おまけに周りを見渡したところでチュマッシュらしき人はいない。

警備員の女性に事情を話し、チュマッシュに会いたいと伝えてみた。

「チュマッシュはここではほとんど働いていないのよ。このカジノだけで2000人近くの従業員がいるけど、チュマッシュの人口は300人程度しかいないの。近くに居留区があるから行ってみたら？」と道を教えてくれた。

居留区に入ると、大きな家、広い庭にプール。見た目は至って一般的な「アメリカの家」が立ち並んでいる。家の間をウロウロしていたわたしはどう見ても不審者で、犬に吠えられまくった。ひとりの女性がちょうど家に帰ってきたところで運良く話をすることができた。ここを知った経緯や、先住民の暮らしに興味を持っていることを伝えた。

彼女の名前はリサと言い、チュマッシュとメキシコ人のダブル。

「この居留区に住んでいる人たちはみんなメアリーというひとりの女性の子孫なの」とリサ。

多くの人はいわゆる「アメリカンな暮らし」をしているが、伝統的な価値観や慣習は残っているそうだ。誰かが亡くなったら木の枝を美しくペインティングし、みんなで丘を上り、その棒を頂上に1年間刺しておく、という慣わしもあるのだそう。嬉しかったのは、カゴ編みや楽器作りなどの技術や伝統が復活されようとしているということ。一族の祖先で、最後の話者でもあったメアリーが、言語学者とともに残した辞書を元に、チュマッシュ語の復活も始まっている。近々博物館もオープンするらしい。

「来るのが一年早かったわね」と言われたけれど、やっぱり寄り道して良かった。

思いの詰まった北米を後にし、いよいよ南米へ……だが、わたしの旅は一筋縄ではいかない。アメリカのロサンゼルスからペルーのクスコまでは、「乗るつもりだった飛行機に自転車を載せてもらえない」というトラブルに見舞われ、自転車の箱を抱えてロサンゼルス国際空港で30時間待ち。その後カナダのトロント、ペルーのリマを経由し、待ち時間を含めてなんと3日もかかってしまったのだ。

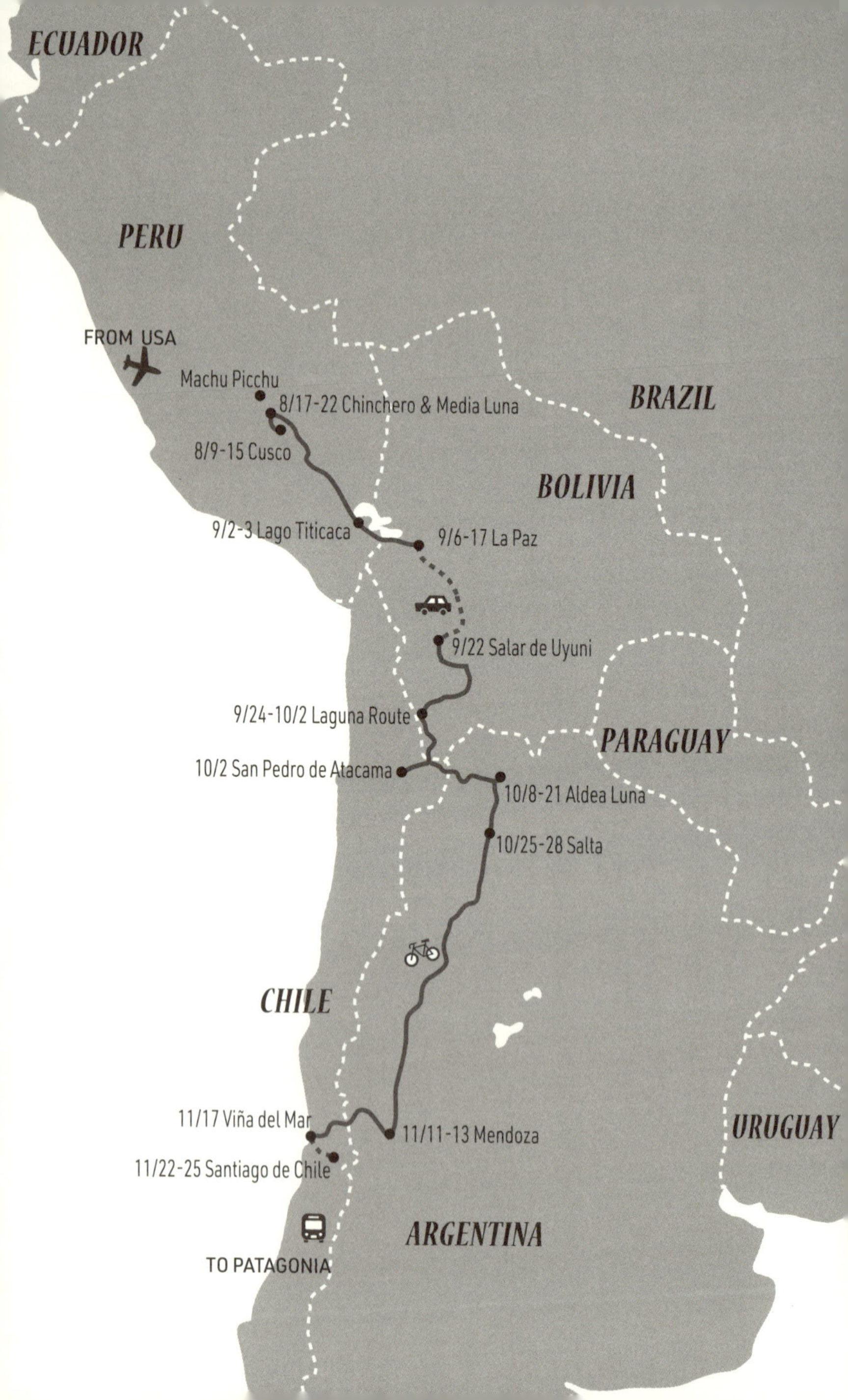
ECUADOR
PERU
FROM USA
Machu Picchu
8/17-22 Chinchero & Media Luna
8/9-15 Cusco
BRAZIL
BOLIVIA
9/2-3 Lago Titicaca
9/6-17 La Paz
9/22 Salar de Uyuni
9/24-10/2 Laguna Route
PARAGUAY
10/2 San Pedro de Atacama
10/8-21 Aldea Luna
10/25-28 Salta
CHILE
11/17 Viña del Mar
11/11-13 Mendoza
11/22-25 Santiago de Chile
URUGUAY
ARGENTINA
TO PATAGONIA

エピソード
2

アンデス
編

インカの人々

なんて異世界なんだろう!

トラブルに見舞われ、やっとの思いでたどり着いたペルーの古都・クスコだが、そんな疲れも吹っ飛ぶぐらい、目に映るものすべてが新鮮だった。石畳の上を、アルパカを引いて歩く少年少女。市場に行けば、色とりどりの布や、見たことのない野菜や果物がうず高く積まれている。山高帽を被った女性たちの手には糸を紡ぐスピンドル。彼女たちは赤子を背負って歩いている時も、バスを待っている時も、常に糸を紡いだり、編み物をしたり、器用に手を動かしている。今まで本や博物館でしか見たことがなかった世界が、今現実として眼の前にあることに、心踊らずにはいられなかった。

30歳になる節目の日をどうしても山の上で迎えたい。そんなわたしのわがままに付き合うために、日本から遠路はるばるやって来てくれた元同僚のあさちゃんとクスコで合流し、マチュピチュに向けてトレッキングをすることにした。奇しくも今年(2016年)から8月11日は日本で「山の日」という祝日になった。山に親しみ、恩恵に感謝する日。それが自分の誕生日と重なったことに不思議な縁を感じる。

有名なインカトレックは3ヶ月先まで予約でいっぱいだが、わたしたちが歩いたラレストレックもなかなかに見所満載だった。大迫力の氷河、エメラルド色の湖、広大な山野に放たれたアルパカ、リャマ、羊、それを見守る牧羊犬と羊飼いの少年少女……人生初の4800m越えも果たした。電気もない村では、地元の少年たちとサッカーや凧揚げを楽しんだ。1ヶ月かけてひとつの織物を仕上げるというおばあさんの作業風景も見ることができた。どこを切り取っても絵になる、異国情緒あふれる光景に日々ワクワクした。

荷物を運んでくれるラバとポーター、前菜からデザートまで、どこのレストランよりもおいしいフルコースを作ってくれるシェフ、歴史や文化背景、植物の名前まで、グーグル並みの知識を持つガイドのおかげで、あっという間に3日間が過ぎていった。誕生日の夜には、山の上のキャンプ地なのに亀を形どった立派なバースデーケーキまで焼いてくれた。

〝Feliz Cumpleaños!!〟(誕生日おめでとう!)同じグループの仲間やシェフも一緒に、遅くまで飲んで踊ってお祝いしてもらった。

そして4日目、ようやくたどり着いた標高2500mの天空の城・マチュピチュ。

クスコの町を中心に、北はエクアドル、南はチリまで約500年栄えたインカ帝国。スペイン軍によって滅ぼされ、インカの町は壊し尽くされたが、この山の上にあるマチュピチュだけは発見されずに残った。100年前に見つかるまで、ジャングルの中に埋もれていたのだ。

機械も動力もない太古の時代に「カミソリ一枚すら通らない」というほど精密に組まれた巨石。その労力を思うだけで気が遠くなる。

遺跡が一望できるマチュピチュマウンテンの頂上まで、さらに1時間かけて登った。「マチュピチュとこれで一緒に写真撮ろうや〜」と、あさちゃんがなぜかこのためにわざわざ日本から持って来た、たい焼きとともに写真を撮った。

遺跡にもたくさんのリャマがいた。

「リャマは毛や肉だけでなく脂は薬に、骨は道具に、余すことなく使われてきたんだ。リャマの肉やジャガイモ、トウモロコシ、キヌアなどはジャングルで穫れるコカの葉、魚、フルーツと物々交換していたんだよ」ガイドのジェリックが言う。

コカの葉は覚醒剤の一種であるコカインの原料ともなる植物だが、そのままでは中毒性は極めて低く、昔から農民たちはこれを噛んで働いてきた。お世話になったポーターやガイドに差し出すと、みんなひとつかみを口に入れて嬉しそうにクチャクチャと噛む。高山病予防にも効果があり、我々もコカ茶をたくさん飲んだおかげで最後まで元気に過ごすことができた。

チチャと牛耕

マチュピチュ・トレッキングツアーを終えてあさちゃんを見送り、ウルバンバの近くにある、メディア・ルナという小さな村に向かうため、暗いうちに出発した。

未舗装の道はどこに石があるかわからないのでとても怖い。ハンドルを握りしめながら慎重に走る。ふと振り返ると大きな月が出ていて、それがゆっくりと沈んでいき、今度は入れ替わるように太陽がのぼり始める。夜と朝の間。新しい一日のはじまり。山肌が徐々に赤く染められていき、その姿をあらわにする。

綺麗だなあ……。

優雅な気持ちで見とれていると1匹の野犬に見つかり、すごい剣幕で吠えられる。するとその声におびき寄せられるように1匹、また1匹と増えていき、気付けば5~6匹の犬がこっちに向かってくるではないか！

「ギャー!! 助けてー!!」

発症したら致死率100%という狂犬病の脅し文句が脳裏にチラつき、死に物狂いで逃げるわたし。下り坂でどうにか犬軍団を巻き、ホッと胸を撫で下ろす。先輩チャリダーたちからも「ペルーの犬には気をつけろ」と言われていたが、身をもってそれを実感した。

メディア・ルナに到着。村人たちが昔ながらの文化や暮らしを教えてくれるツアーがあると聞き、申し込んだ。クイの飼育、薬草、染色と織物、チチャと呼ばれるトウモロコシ発酵飲料の作り方、そして水牛耕を見学した。

まずはクイ。

市場を歩いているとよく見かけるのが、「クイ」と呼ばれるハツカネズミの丸焼き。最近では観光客向けにあちこちで食べられるようになったが、地元の人にとっては昔から誕生日や結婚式など、特別な日に食べるものだった。

6歳の時からクイの飼育を任されているというおばさんがクイを見せてくれた。ペットのようにかわいがっているが、すべて食用。朝は大麦、夜はアルファルファという牧草を与えている。市場におろすまでに6〜7ヶ月育て、糞も肥料として市場で売っている。クイを屠《ほふ》る日には敬意を示すために、そのクイと同じ色の花びらを撒くそうだ。

続いて薬草。

病院が遠い高地の暮らしでは、薬草の知識が欠かせない。こうした知恵は昔からおばあさん、母、娘へと代々受け継がれてきた。日本人にもなじみの深いカモミール、ローズマリー、ユーカリ、そしてこの土地に特有なムーニャやモリエという植物など、さまざまな効能を説明してくれた。「お腹の調子が悪いんです」と言うと、「消化器にはムーニャ茶よ」と教えてくれた。

そしてチチャ。

この辺りではトウモロコシから作られるチチャという飲み物がよく飲まれる。白、黄色、紫と、実に多種多様のトウモロコシがあるが、チチャに使われるのは白いもの。

まず乾燥したトウモロコシを丸一日水に浸けて発芽させる。ひと粒食べるともやしみたいな味だった。次にこれをすりつぶし、水と大麦を加えて1時間ほど煮たのち、ひょうたんで作られたひしゃくですくい、カゴに草を敷いた濾し器で濾す。これを2〜3日寝かせて発酵させるとチチャの出来上がり。

「この白いのは何も加えていないチチャ、赤い方はイチゴと砂糖を加えたチチャよ」

どちらもさっぱりしたどぶろくのような味でおいしい。この時点ではほとんどアルコール分はないが、置いておくと発酵が進みアルコール度数が上がるらしい。

チチャが出来上がると赤い花の付いた棒を軒先に出す。こうすることで近所の人がチチャを買いに来る。町を歩いているとあちこちにこのチチャの目印が見られて楽しい。

さらに水牛耕。

これはツアーのメニューではなかったけれど、ちょうどシーズンだったのか、あちこちで畑を水牛で耕している様子が見られた。日本でも数十年前までは、牛や馬で田畑を耕している光景が当たり前に見られた。だが今やすべてトラクターにとって代わられてしまった。山梨のNPOスタッフ時代、この先石油がなくなることを見越し、次世代に残すべき技術として、馬耕の復活に取り組んでいた。でもそれがここでは日々の営みとして今も生きているのだ。

「わたしも日本で馬耕をやっていたんです!」と話すと「じゃあやってみるかい?」と嬉しいお誘い。

小型の農耕馬と比べると2頭引きの水牛はとてもパワフルで、犂を抑えるのも大変だった。トラクターを使っている畑も見られたが、これからもこの伝統的な農法が残されていくことを祈るばかり。

崖上カメラマン

メディア・ルナをあとにし、あてもなく自転車でウロウロしていたら、リュックを背負ったバックパッカーらしき男性に「何か困っているのか?」と声をかけられた。

「特に困ってないけど、今夜泊まるところを探しているの。どこかいいところ知ってる?」

「あ、そしたらうちに泊まったらいいよ!」

彼の名はディエゴ。バックパッカーではなく、クライミングしながら写真を撮る、地元のプロカメラマンだった。お言葉に甘えて泊めていただくことにした。

シャワーを浴び、洗濯をして街に出る。市場で鶏肉と卵を買い、ディエゴの友人で、ドイツ人のスザンヌと合流して帰り、泊めてくれたお礼に親子丼を作った。お酒をこよなく愛する陽気なふたり。ビールにワイン、そしてディエゴ特製の果実酒などをいただく。

幸いふたりとも英語が話せたので、飲みながらお互いの国の文化などについて話した。翌日も町を案内してもらい、自家製ビールを飲ませてくれるバーや、ワインが飲めるおしゃれなカフェに連れて行ってもらった。

ディエゴたちの気さくな人柄があまりに居心地がよくて、もう1泊!もう1泊!と過ごしているうちに気付けば5日経っていた。

織物の町

クスコの30㎞北にあるチンチェーロという町では昔から織物産業が盛ん。たまたま入った工房で、どのような材料を使って染めるのか、実演を交えてとても丁寧に教えてもらった。

まず、原料である羊の毛を洗う。使うのは「サクタ」という見た目は山芋のような植物の根っこ。これをすりおろして水に溶かすと、石けんのように泡立つ。

「この羊は一度もお風呂に入ったことがないからとっても汚いのよ〜」とジョーク?を交えながら、その泡立った液体に羊毛を入れてすすぐと、茶色がかった毛がみるみるうちに白くなっていく。おそらく根っこにサポニンが含まれているのだろう。せっけんやシャンプーで洗うよりも早くきれいに洗えるというから驚きだ。

続いて染色を見せてくれた。

「コチニール」というウチワサボテンにつくカイガラムシから採れる赤い色素は、日本ではイチゴ・オレなどに入っている。高校生の頃その正体を知って以来、イチゴ・オレには手を出さなくなったわたしだが、実物を見たのははじめてだった。ダンゴムシのようなその虫の粉を水に入れると、まるで血のように鮮やかな赤色に染まる。

そしてそこに塩を加えると、サッとオレンジ色に変わる。さらに火山灰土を加えると、今度は黒くなった。

「わあ〜」

まるで手品のように変化していく様子に思わず歓声が漏れる。紫トウモロコシから紫色を作ったり、「タラ」という豆と硫黄を含む鉱物を組み合わせて青色を作ったり、自然界にあるものだけを組み合わせて、これだけ多様な色を生み出してきたのか。鳥肌が立つほど感動した。

このチンチェーロの広場で3日間お祭りが開催されているというので行ってみる。

牛、リャマ、羊などの品評会があり、出店ではチチャロンという豚の脂身を揚げたものや、チチャを売っていた。広場の真ん中では女子サッカーの試合中で、サッカーが終わると民族衣装を着た男女が、羊と一緒に音楽に合わせて踊り始めた。

なんと言っても魅了されたのは、民族衣装を身にまとったたくさんの女性が、それぞれ編み物、織物、糸紡ぎ、染色などの、さまざまな工程を行っていたエリアだ。村それぞれにオリジナルの模様や柄があり、それを見るだけでも面白い。すっかり見とれていたわたしを見て、近くにいた女性が、「あなたもやってみたいなら、織物レッスンのできるところがあるわよ」と教えてくれた。

数日後、教えてもらった場所を訪ねた。そこは織物や糸紡ぎを地元の若い女性たちに教えるための教育センターで、希望者にはこうして短期レッスンもしてくれるという。

初心者は幅の狭い紐のようなものを作る。使うのは織り機ではなく「腰機」。紐の先を柱や木にくくりつけ、反対側の先を腰に巻き付け、重心を後ろにして紐がピンと張るようにして織る。

棒が数本あれば場所を選ばずどこでもできる。色を選び、経糸を巻きつけ、横糸を通していく。

「タンカ」と「クティ」という2種類の模様を習った。

伝統的な柄は身近な動植物や農作業に使う道具などをモチーフにしている。丸一日かけて、ようやくチロリアンテープのような紐が1本半できあがった。それもわたしがやったのは最後の織りだけ。その前に毛を洗い、紡ぎ、染め、再び紡ぐ。あの美しい織物にどれだけの労力をかけているか、全工程を理解して改めて彼女たちのすごさを知った。

レインボーマウンテン

世界でも珍しい絶景、奇景。レインボーマウンテンもそのひとつ。さまざまな鉱物が含まれた地層はその名の通り虹色に見えるそうだ。そんなことを聞いたら、是が非でも自分の目で見たい。こうしてレインボーマウンテンの麓にあるピトゥマルカという村へ。

クスコで出会ったロシア人チャリダー・デニスと合流した。

彼はメキシコから走っているらしく、ニカラグアで強盗に遭い、抵抗しようとしたら身ぐるみ剥がされた挙句ボコボコにされ、2週間入院するハメになったそうだ。

「2週間入院したせいでビザが切れちゃって、出国の時に罰金を要求されてさ。〝君たちの国は俺から強盗で金を奪い、さらに罰金まで取るのか?〟って聞いたら〝そうだ〟だってさ。参っちゃったよ」そんな目に遭っても、まだ自転車で走っていることに驚く。

彼はなかなかのナルシストで、数㎞おきに停まっては、「俺を撮ってくれ」と言って、腰に手を当て遠くを見つめる、お決まりのポーズで要求してくるのでわたしも参った。

宿に到着してしばらくすると、いきなりの雷雨、間一髪だった。屋根と壁があるって、なんてありがたいのだろう。今日のホステルは10ソル(約300円)なのに、ちゃんと温水も出る！自転車旅をしていると生活レベルのハードルが下がるので、ちょっとしたことにもありがたみを感じる。

翌朝は夜明け前に出発。登山口まではタクシーで1時間。そこから標高5100mのレインボーマウンテンまで歩いて往復7時間。人生初の5000m突破だ。

昨日の雷雨は山の上では雪だったようで、朝は一面の雪景色。雲ひとつない青空と雪山のコントラストにうっとりしつつも、もしや雪で肝心の山が見られない……？　すれ違ったおじさんに恐る恐る聞くと、「真っ白だよ」。

おいおい、それじゃレインボーマウンテンじゃなくてホワイトマウンテンじゃないか！わたしの頭まで真っ白になりそうだった。幸い進んで行くうちに雪も解け始め、頂上に着く頃にはなんとかレインボーが姿を現してくれた。

赤、緑、黄色の各色は、それぞれ鉄、銅、硫黄が含まれているため。360度のパノラマビューは、レインボーマウンテンに加えて、ペルーで2番目に高い山、アウサンガテをはじめとする雪山まで見渡せる壮大な景色だった。下山する頃には雪が完全になくなっていて、往路と同じ道とは思えない別世界。1日で2つの表情が見られて、なんだか得した気分。

奇しくも日本を出発してちょうど100日目。思い出深い日になった。

湖上の暮らし

世界一標高の高い湖、チチカカ湖に着いた。広さは琵琶湖の12倍。海のように広いこの湖は、インカの人たちにとって聖なる場所。1泊2日で島々を訪ねるツアーに参加した。

チチカカ湖と言えばまず、ウロスの浮島が有名だ。家も船も、そして島自体もトトラという水生植物でできていて、歩くとフカフカする。トトラの根っこと土でできたブロックは軽いので水に浮く。これを縄で縛り、その上に刈ったトトラを3mほどの厚みで敷き、家を建て、流されないようにアンカーで固定する。トトラはどんどん腐食していくため、月に2、3回は新しいトトラを敷くそう。ちなみに、トトラは食べることもできる。皮を剥いてひとくち齧ると、甘酸っぱくてシャリシャリした食感だった。

大小40ある浮島には700人が住んでいるというが、デニス曰く「あの島にはもう誰も住んでいなくて、みんな観光客のために通っているらしいぞ」。真相はわからないが、いずれにせよ、何もないところに島を作ってしまうという発想がすごい。

このウロス島からアマンタニ島まで船に乗ること3時間。

アマンタニ島にはプレインカの遺跡が2つあるが、保存のため、村人すら年に一度のお祭りの時以外は立ち入り禁止となっている。自家発電のソーラーパネルはあるが、電気も車もなく、農業と、編み物や織物などの手工芸品が主な産業。

ここでホームステイをさせてもらう。港に着くと、たくさんのホストマザーたちがツアー客を出迎えてくれた。わたしは中国人のディン、ブラジル人のルイザと一緒にフランシスカの家にお世話になった。質素な暮らしを想像していたが、とてもきれいでかわいらしいおうち。

早速昼食をいただく。キヌアという雑穀のスープとチーズのフライ、そして色も形もさまざまな芋たち。ジャガイモは村ごとに気候に合わせた独自の品種を作っていて、クスコだけで1200種類、ペルー全体で4000種類あるそうだ。シンプルだけど、とてもおいしい。野菜とチーズは島で作られたもの。家には冷蔵庫はなく、肉はおろか、魚もほとんど食べないという。

フランシスカの暮らしをもっと知りたくなったので、島の山頂までハイキングに行く予定を変更して残ることにした。糸紡ぎを見ようみまねで習う。スピンドルという道具を使って2本の糸をより合わせて1本にする。一見簡単そうなのだが、いざやってみると全然うまくいかない。そもそもスピンドルがうまく回らない。

夕飯づくりの手伝いをした。ペルーに来てから驚いたことのひとつは、台所にまな板がないということ。女性たちは、みじん切りでもなんでも「空中で」やってしまうというスゴワザを持ち合わせている。手元を見ることなくおしゃべりをしながらサクサクと材料を切っていく。それもまな板の存在価値が疑われるほどに手早い。フランシスカとて例外ではなく、器用に空中でサクサクと人参やじゃがいもを千切りにする様子に見とれてしまった。日本でも豆腐のようにやわらかいものは手の上で切ったりするけれど、根菜は力の加減が難しい。わたしも挑戦してみたが、びびってうまく切れなかった。

夕飯はセモリナスープと野菜チーズ炒め。味付けは塩だけなのに、野菜の旨味が引き出されていてとてもおいしい。ペルーも日本同様スープの文化があるのがうれしい。冷えた身体も温まる。

最後に訪れたのはタキーレ島。

ここは織物産業が盛んで、「タキーレの織物」として2005年にユネスコの世界遺産に登録されたほど。男性も編み物をするのが珍しい。未婚か既婚かによって、帽子の被り方や服装の色や形が異なるそうだ。

お昼ご飯はレストランに入った。残金少ないわたしは、持っていたバナナですませようとしたところ、ディンが、「あなたの話を聞いてとても刺激を受けたの。だからお願い、ご馳走させて」とトゥルチャ（ニジマス）をご馳走してくれた。なんてやさしいの！

同じツアーに参加していたブラジル、コロンビア、アメリカ、中国、インドなどの同年代の女の子たちともたくさん出会い、宗教、食べ物、仕事、教育などについて話ができたのも楽しかった。おかげでコロンビアにもブラジルにも行きたくなってしまった。

旅をすればするほど、行きたいところが増えていく。と同時に、日本のことをもっと知りたい気持ちも大きくなっていく。彼女たちのように、わたしも自分の国の魅力をもっと伝えられるようになりたい。

ペルー最後の夜

ボリビア国境まで約40㎞。ポマタという小さな村についた。残金22ソル(約700円)。無事に出国できるだろうか。不安ながらも空腹には抗えず、パスタの上にじゃがいもがまるまる乗っている、ボリューム感たっぷりの昼食をとる。水も買ったら残金13・5ソル(約500円)になってしまった。さすがにこのお金で泊まれる宿はない。

「どこかキャンプできるところはないですか?」と聞いて回るが、なかなか見つからない。日も暮れるし、諦めてもう少し先で探そうかと思った矢先、女神様が現れた。

「うちに泊まっていいわよ」

そう言って連れて行ってくれたビキのおうちにびっくり。これまで見たことのないくらい立派だった。ペルーの家の多くは日干し煉瓦を積み上げた簡素なものが多いのだが、ここの家はなんとガラス張り。

温かいお茶と3日ぶりのシャワーで身も心もホッとした。

「夕日がきれいだから散歩に行きましょ」とビキに誘われ、湖畔に出た。チチカカ湖に沈む夕日を眺め、そのまま帰るのかと思いきや、今度は彼女のおばさんのおうちで夕飯までごちそうになる。おじさんは昔日本で働いていたことがあるらしく、日本語が堪能だった。ビキの家に戻り、ガラス張りの部屋の隅に寝袋を敷いて寝る。星空を眺めながら眠りにつき、朝日とともに目覚めた。

翌朝、わたしは卵焼きと味噌汁を作った。ビキは自家栽培のキヌアでドリンクを作ってくれて、おみやげにとキヌアもくれた。キヌアドリンクはきな粉のような味でおいしかった。

ピンチになるといつも助けてもらっている。ビキのおかげで、ペルー最後の日も思い出深い一日となった。〝Muchas gracias〟（ありがとう）しか言えない自分がもどかしい。

チチカカ湖に突き出た半島を進むとそこはもうボリビアだ。国境はあいまいで、ペルー側とボリビア側それぞれに出入国のオフィスはあるものの、チェックする人は誰もいない。実感はないが、どうやらボリビアに着いたらしい。

ペルーとボリビアは同じ湖に面しているのに、1時間の時差が設定されている。今まで17時には日が暮れ始めていたのに18時を過ぎても明るいし、朝は6時を過ぎでもまだ暗い。

国境も時間も人間の都合で決めたもの。自然にボーダーなどないのだ。

初心者でも登れる6000m級の山

ボリビアのラパスからほど近い標高6088mのワイナ・ポトシは、「初心者でも登れる6000m級の山」というキャッチコピーが付けられている。

先輩チャリダーからその存在は聞かされていて、曰く「毎日チャリで走ってるんだから、バスに乗って寝ているだけのバックパッカーなんかとは体力がぜんぜん違うだろ。余裕だよ」。

それを鵜呑みにしたわけではないが、わたしも日本や海外で3000〜4000m級の登山経験はあるし、つい先日も5000m越えのレインボーマウンテンに登ってきた。体力にはそこそこ自信はあるし、まあ大丈夫でしょう、という軽い気持ちで臨んだ。

ラパスから車に揺られること2時間。紫や緑色の湖の横を走りながら、4800m地点にあるベースキャンプへ。

前日申し込んだ時点では参加者7人とのことだったが、ふたを開けると男9女5、計14人の大所帯。お昼ご飯を食べてから氷河まで歩き、そこでトレーニング開始。靴にアイゼンを付けて斜面を上り下りしたり、ピッケルを使って垂直な氷の壁を上ったりする。他の人達はバックパッカーだからと思ってナメていたら、わたしが一番遅いではないか。みんなは壁のぼりを楽しんでいたが、わたしはなんだか身体がしんどくて思うように動かず、とてもじゃないが楽しむ余裕はなかった。

夕方宿に戻ってからはついには一歩も動けなくなり、おやつも夕食も食べずにひたすら寝た。今まで風邪をひこうがなんだろうが、食欲だけは衰えなかったわたしだが、激しい腹痛にみまわれ、人生史上はじめて「食べられない、食べたくない」という状態を経験した。夜中も何度もトイレに通い、身体中の水分がなくなるかと思うほどだった。これじゃあ登山どころかラパスに戻って入院かな、と一瞬脳裏をよぎったが、せっかくここまで来たのに、もったいない！　何が何でも登ってやろう！　と思い直し、とにかく水分補給と睡眠を心がけた。

14時間くらい寝たおかげで体調はずいぶんと良くなり、本調子ではないものの、次に進んで様子を見ることにした。同じグループのオーストラリア人の男の子は、前日はあんなに元気そうだったのに、朝になると頭痛と腹痛と全身の痛みのフルコンボで動けないらしく、残ることになった。一緒に来ていたガールフレンドのジェニーは、彼の分までがんばるという。

昼食をとって出発。ブーツ、ピッケル、アイゼ

垂直な氷の壁を登る
「初心者」のわたし

ン、ヘルメットなどの雪山装備と寝袋を詰め込んだザックは、とてつもなく重い。急な斜面と5000m越えの標高。「死にそう」ってこういう時に使うんだな、と思った。数歩歩くごとに立ち止まらないと呼吸が追いつかない。天候にも恵まれて景色はきれいだったけど、しんどすぎて写真を撮る余裕はほぼない。息も絶え絶えに5130mの山小屋に到着。たった2時間ぐらいの山歩きがどうしてこんなにもしんどいのか。夕食を食べてから18時に就寝。体調は万全ではないが、前日よりはだいぶ食べられるようになった。

0時前に起床。いよいよピークを目指す。周りの人が全く眠れなかったというのに、わたしは爆睡でだいぶ調子もよい。真っ暗な中、ヘッドランプの光だけを頼りにひたすら雪道を進む。頭上には満点の星。そして眼下に広がるラパスの夜景も負けじと輝く。

一歩一歩

前半までは比較的余裕で、むしろ重たい荷物を背負っていた昨日よりも楽だった。それに雪道をアイゼンでサクサク歩くのは、わりと気持ちよいものだ。一緒に歩いていたジェニーの〝Every step is a record.〟(一歩一歩が記録だね)というセリフが気に入った。ガイドひとりにつきふたりがロープで繋がれ、ゾンビのようにゆっくり歩くさまは、端から見ればかなり異様な光景だろう。

そこに第一の難関、雪の壁が立ちはだかる。初日の練習の時ほど急ではないが、それでも全身を使って登らなければならない。壁を乗り越えると、しばらくまた緩やかな登りが続く。徐々に呼吸が苦しくなってくる。とにかく一歩一歩、頭をからっぽにして、深い呼吸を意識して登ると楽になった。もう登山というより瞑想に近い。

しかし一歩間違えれば、奈落の底に堕ちるクレバス(氷の割れ目)もあるので、瞑想ばかりしているわけにもいかない。

「ここから先は急だから、リタイアするなら今だよ。下りる時の体力まで残していないとだめだからね。本当に大丈夫?」

ガイドのレイチェルに念を押される。ここまで来てリタイアなどするものか!と鼻息荒くうなずくも、見上げると信じられないほど急な斜面が現れた。無数の氷柱が突き出た、氷の山。

「え、これを登るの……?」

そこから先が本当にしんどかった。

すでに手足に力が入らず、ガクガクになりながら、息も絶え絶えに少しずつ上に進む。今年は雪が少ないらしく、ところどころ岩肌が露出した部分もあり、そうしたところはアイゼンの歯が立たない上に崩れやすいのでドキドキする。何度かズルっと滑り、その度にレイチェルにグイッと引きずり上げてもらう。文字通り命綱に何度も助けられた。

人がやっとひとり通れるぐらい幅の狭い氷の坂を這うようにして登り、ふと横を見ると地平線の彼方が微かに明るくなり始めていることに気付く。いつもだったら急いで頂上へかけ上がりたいところだけど、当然ながらそんな力はなく、その場でぼーっと眺めていていると、少しずつその光は大きくなっていく。

意識は朦朧としていたけど、美しかった気がする。最後の力を振り絞って頂上へ。素晴らしい景色なんだけど、疲れすぎていてもはや実感がない。

初日の状況からすれば、ここにいること自体が奇跡だ。身体はとっくに限界を超えていたけど、最後は気合いと根性だけだった。はるか先まで続く稜線とその先に続く地平線をしばし眺め、ほどなくして今度は来た道を下る。

明るくなってから見ると、改めてすごい道を登ったものだと実感する。わたしは基本的に下りが好きなのだが、この山に限っては下りも最後までしんどい。足をもつれさせながらもどうにか下ってきた。

この3日間ではじめてお腹が空いた。生きていること自体が信じられない。あれは夢だったのではないかと思うほど現実味がない。でも身体はバキバキ痛むので夢ではなかったはずだ。

我々のグループは14人中12人が登頂。頂上でもピンピンしている欧米人のタフさには改めて度肝をぬかれた。それにもまして、20年間で計600回登っているというガイドさん。とても同じ人間とは思えない。日頃から4000mで生活している人たちはレベルが違う。

自分の限界を超える体験することは滅多にない。貴重な経験をさせてもらったこと、丈夫な身体をもっていることに感謝した。

ただ、最後にひとこと言わせてもらいたい。「初心者」って誰だ！

衝撃のボリビア料理

「ウユニ塩湖を一緒に走ろう」

　というわたしの誘いをふたつ返事で快諾してくれたのは、日本からはるばる駆けつけてくれたひろちゃん。大量のお菓子と一緒に、このあと走る砂漠に向けて、冬用の寝袋や前輪のパニアバッグも持ってきてもらった。ラパスの空港で合流し、街を観光してから、自転車と荷物を載せてオルーロという町までバスで向かう。着いたのが遅かったのでそのままバスターミナルの向かいの宿に泊まり、翌朝バスでチャヤパタという町へ。

　ここからふたりの自転車旅が始まる。だが、ひろちゃんが車酔いと高山病で具合が悪いので少し休ませて、その間に市場で野菜やパンなどを買い込んだ。そこから5㎞ぐらい先に進むも相当辛そう。平らな道なのに息がゼエゼエしている。

　それもそのはず。ここは標高4000m近くあるのだ。1ヶ月以上高地を走ってきたわたしはすっかり順応していたが、いきなり東京から来た身には堪えただろう。再び道端で休んでもらい、ひとり薬を買いに町まで戻る。しかし薬を飲んでもあまりよくならず、そこから10㎞先のウアリという小さな町に泊まることにした。

　ウアリの人々はとてもフレンドリー。「写真を撮ろうぜ～」とお兄さんに絡まれ、「うちに泊まりな！」と声をかけてきたおじさんの宿へ。

翌日、ひろちゃんの体調と日程を考慮して、途中の村までタクシーで移動。地図上では未舗装路となっていた道はきれいに舗装されていて、これなら走ってもいいなと思った。だが、ちょうど車を降りたところから先はいきなり未舗装路になった。時おり自転車を押さないと進めないほどの深い砂やデコボコの道と闘いながら、わたしは何度も転び、結局30㎞進むのに半日かかった。

3回目に転んだとき、通りかかったライダー、カルロスに助けてもらった。「どこに向かってるの？」と聞かれたので、「ヒリラという村まで行こうと思っている」というと、「じゃあ、またそこで会おう」と言う。

ヒリラの町でキャンプできるところを探していると、カルロスと再会。「キャンプしたいならいいところがあるよ」と連れて行かれた先はホステル。なんとカルロス一家はホステルのオーナーだった。ありがたくテントを張ろうとすると、雨が降ってきた。

「お金はいらないから、ぜひ部屋に泊まってくれ」とカルロス。どこまでいい人なんだ。

ボリビア人は無愛想だとか、冷たいだとか、そんな通説を見事に覆してくれる、カルロス一家は8人の大家族。フレンドリーでやさしい仲良し一家。

お礼に、持ってきた味噌と家にあった野菜や卵で煮物と味噌汁と卵焼きを作った。みんなとても喜んでくれて、「明日はボリビア料理を作るから、もう1日泊まっていってよ！」と言うので、予定を変更してもう1泊させてもらうことにした。

翌日はトゥヌパ火山に登った。

ビューポイントまで3時間ぐらいだと聞いて軽く考えていたが、実際には標高4650mまで往復15㎞というなかなかハードな道のりだった。

わたしたち以外は人っ子ひとりおらず、レインボーマウンテンに負けず劣らずカラフルな眺めをふたり占め。山の上から見るウユニ塩湖は、雲との境がわからないぐらいただただ広い。明日はついにあそこを走るのか、と思うと胸が高鳴った。

その夜はカルロスが夕飯を作るという。

ボリビア料理ってどんなんだろう?とワクワクしていると、袋からパサパサのジャーキーのような物体を取り出した。その正体は「チャルケ・デ・リャマ」というリャマの乾燥肉。

どうやって料理するのかな〜?と見ていると、油で揚げ始めた。

1分後、引き上げたお肉を皿に乗せて、カルロスは自信たっぷりにこう言った。

「できあがりだよ」

えーーーっ! これでできあがり⁉

まあ、とりあえずひとくち食べてみるか。どれどれ……なんじゃこりゃーっ⁉ めっちゃ硬くて噛み切れない。食感もボソボソ。

隣で食べているひろちゃんと顔を見合わせて苦笑い。

「どうだ？　うまいか？」と聞いてくるカルロスに「リコ！リコ！（おいしい！おいしい！）」と返すのが精一杯だった。隣の部屋ではカルロスのお姉さんがおいしそうなトンカツのようなものを作っていた。あっちが食べたかったな……。

後から知ったことだが、この辺りは塩湖に近くて土が痩せているため、野菜などがほとんど育たないし、最寄りの店までは100km以上ある。そのため、昔からこうした乾燥肉やキヌアがよく食べられていて、カルロス自身キヌア農家でもある。

昨日わたしが調理した野菜は、とても貴重品だったのだ。

夜はカルロスの姪っ子と折り紙をしたり、ワインやシンガニというブドウのお酒を飲んだりした。ボリビア料理は衝撃だったけど、カルロス一家のやさしさが胸に染みた。

ウユニの塩ラーメン

まるで空の上を歩いているかのような幻想的な写真。高校生の頃に見てからずっと行きたかった憧れの場所、ウユニ塩湖。

当時はまだほとんど知られていなかったが、その後テレビや雑誌で有名になり、みんなが行くようになると、ひねくれ者のわたしは興味を失った。それでも、南米を旅することを決めた時にはやはり外せない。今は乾季なので、写真で見た鏡張りの景色ではないけれど、あそこを自転車で走るなんて、あの頃は思ってもみなかった。15年越しの夢がついに叶う時が来たのだ。

うおおおお!! キター!! 見渡す限りの白い大地。道などない。

自転車がバリバリと塩を切り開いていく音だけが聞こえる。目をつぶって走ってみる。

10秒後に目を開けても同じ景色。

ああ、なんて楽しいんだろう! と思っていたのも最初だけで、3時間ほど経つとだんだん飽きてきた。漕いでも漕いでも景色が変わらない。方向感覚もなくなり、自分がどこに向かって走っているのかすらわからなくなってくる。飽きるほど広大な大地は岐阜県と同じ大きさだという。

地球は本当に広いんだなあ。


ウユニ塩湖の中央にはインカワシという島があり、数少ない目印のひとつ。

島には一面にサボテンがニョキニョキと生えている。昨日お世話になったカルロスのおうちや、通りがかった塩のホテル(床も壁も塩のブロックでできたホテル)でも目にしたが、この辺りでは椅子やゴミ箱、オブジェやドアなど、あらゆるものがサボテンでできている。サボテンって、こんなに木化するものなのかと驚く。


ジープに乗っている他の観光客とすれ違う度に「わーすごい!! 一緒に写真撮って下さい!!」

と何人にもせがまれて、まるで芸能人か動物園のパンダにでもなったような気分。

まあ、まんざらでもないんですけどね。

夕方、何もないだだっ広い大地の上にテントを張る。ひろちゃんは大人になってからキャンプをするのははじめてらしく、とても嬉しそう。それを見てわたしもウキウキ。地平線に沈んでいく太陽が塩湖を赤く染め上げる。

夕飯は「ウユニの塩ラーメン」を作った。インスタントの袋麺のスープの代わりにそこら辺に無限にある塩を入れるだけ。でもあんなにうまいラーメンは二度と食べられないだろう。

涙の宝石の道

ボリビアからチリに抜けるアタカマ砂漠の道は、赤や緑など色とりどりの湖や美しい景観から「宝石の道」とも呼ばれている。が、チャリダー界では裏腹に「世界でも屈指の悪路」として知られている。全長400km中250kmは砂や石だらけの未舗装路。

道中、店や宿はほとんどないので、1週間分の食料と水を自転車に積まねばならず、テントや着替えと合わせると重さは50kg近くにもなる。さらに、標高3700mのウユニから最高標高4900mまで、空気の薄い地帯を上る。ただでさえ息苦しい上に、重たい荷物を積んだ自転車は、砂に埋もれて押すことすらままならない。

ウユニでひろちゃんと別れ、再びひとりになったわたしは、最後の補給地点、アロタ村についいた。お店と言っても水や軽食が多少ある程度。本当はもう少し進みたかったが、風が強いので最後に宿に泊まることにした。

翌日、アロタ村から45kmほど進んだ分岐を曲がると、いよいよ「宝石の道」が始まる。早速、深砂と洗濯板状の路面による手厚い歓迎を受けた。

続いては壁のように立ちはだかる急斜面と、ヘルメット大の石がゴロゴロ突き出たガタガタの道。グッと踏ん張って自転車を押すが、重さと砂でズリズリと滑り落ちてしまう。

目星を付けていた目的地まであと20km以上あるのに、1時間で2kmしか進んでいない。上っても上っても終わらない。

こんな道があと1週間以上続くのかと思うと、焦りと絶望とさみしさで涙が出てきた。

「帰りたい……」

思わずもれた情けない言葉が悔しくて、人がいないのをいいことに大声で泣き叫んだ。

あー、わたしなんも変わってないや。辛くなったらまた逃げるのか。

昔から都合が悪くなるといつも逃げ出したり人のせいにしたりして生きてきた。そんな自分を変えたかった。旅に出たら何か変わるかもしれないと思った。でも結局何も変わっていない。

「他人からは逃げられても、自分からは逃げられないよ。どこに行っても一緒だよ」

ある人に言われた言葉。今ならよくわかる。何千km走っても、地球の反対側まで来ても、わたし何も変わってない。変わるってそんなに簡単じゃない。そう思ったらまた涙が出てきた。

何度も立ち止まり、心が折れそうになりながら、気づけば出発してから9時間が経っていた。

この砂漠では午後3時頃から猛烈な風が吹き乱れるので、その前に宿を定めなければならない。ちょうどよく風よけになるような大きな岩陰が見つかったので、今日はここで泊まることにする。暖を取るために火をおこし、持っていたパンやマシュマロを焼きながら、物思いにふける。火を眺めていると、さっきまでの気持ちが徐々に溶けていく……。火の力は偉大だ。

テントが吹っ飛んだ

翌日も相変わらず深い砂の中を延々と押していた。

あみだくじのように幾多にも分かれる轍《わだち》を進んでいると、隣のほうが砂が浅くて進みやすそうに見えてくる。だが実際に隣に移ると、さっきのほうがマシだったと思えてくる。行きつ戻りつしながら、結局楽な道などないと気付かされる。

そろそろ寝床を決めたいところだけど、10㎞進んでも何もない。仕方がないので何もないところにテントを張ろうとしたら、テントを入れていた袋が強風で飛ばされてしまった。慌ててテントを仮留めし、袋を追いかける。自分でもびっくりするほどの猛ダッシュの甲斐もむなしく、ぜんぜん追いつかない。そして今度は仮留めしたはずのテントが転がってくるではないか！

「あああああ！　テントはだめーーー!!」

半ば泣き叫びながら、どうにかテントは死守したが、二兎を追うものは一兎も得ず。袋は諦めた。涙と砂埃と日差しにやられて目が痛い。


宝石の道にはウユニからジープで周るツアーも多い。ジープが通る度に砂埃が巻き上げられ、前が全く見えないほど真っ白になる。だが悪いことばかりではない。

「ここを自転車で走っているのか？　しかもひとりで？　正気か？」

「水は足りてるのか？　これやるからがんばれよ！」

会う人会う人、みなわたしに水やフルーツ、お菓子、昼食の余り物などを差し入れてくれる。本当にありがたかった。食べ物や水が何より貴重な砂漠で、彼らジープはわたしのライフラインだった。

砂漠の中のオアシス

来る日も来る日も、何もない砂漠の道を自転車を押しながらただひたすら歩いていた。砂が深くなり、何度も転んでいると気持ちも滅入ってくる。この深砂の中をすごいスピードで走り抜けて行くビクーニャ（リャマやアルパカに似た野生動物）が本気でうらやましい。辺りにはトゲトゲの草も生えていて、その上に転ぶと草のトゲが体に刺さる。

あみだくじのように分かれる轍

朝から4時間で10㎞しか進んでいない。目的地まで23㎞なんて余裕かと思ったら、ずーっと上り坂。最高地点である4650ｍまで上り、あとは下るだけだ！と思ったら、下りでも深砂でなかなか進まない。ブレーキをかけなくても下りで止まるなんてはじめてだ。

食べても食べてもお腹がすくし、何度も砂に足をとられて転んだ。

「もういやだ!! 一体これいつまで続くの……。砂漠も山も湖も、この攻撃的な草も、全部見飽きたよ……」

またネガティブな自分が顔を出す。深砂にはまって何度目かに転んだ時、そのまま地面に倒れ込み、空を見上げ、声をあげてわんわん泣いた。

「つかれた……もうやめたい……」

ひとしきり泣いた後、ふと思った。これじゃあお母さんにかまってほしくて泣いている子供と一緒だ。手をとってかわいそうね、って言ってほしいだけ。でもここは誰もいない、電波もない、砂漠の真ん中。自分で立ち上がって、また前に進むしかない。

よし、行くかー。甘いものを食べ、好きな音楽をかけて、気合を入れ直して再出発。どんなに歩こうと、何時間かかろうと、一歩ずつ進めば必ずたどり着く。

気持ちが前向きになった途端、不思議と道も良くなり、追い風も吹き始める。休んでいるとうしろから風が吹いてきて、いいから早く進め、と言われている気がした。

見渡す限り一面砂漠の道なき道。頼りになるのは、車の轍だけだ。その車の轍に紛れて、一際細くて深い轍が目につく。よく見ると隣には足跡もある。それは紛れもない自転車の轍だった。同じようにこの道を押して歩いている仲間がいる。自分ひとりじゃない。その見えない仲間を想像するだけで、力が湧いてきた。

その日たどり着いたのはオアシスのようなホテルだった。

過去にも多くのチャリダーたちがお世話になってきたように、わたしもホテルの裏にテントを張らせてもらえないかお願いした。テントを設営し、4日ぶりにシャワーを使わせてもらい、ジープの観光客からいただいた鶏肉とパスタで夕飯にした。

眠りにつこうとしたその時、「ここは寒いでしょう。わたしの部屋にベッドがひとつ余ってるからおいでよ」と、従業員の女性がこっそり部屋に入れてくれた。

夜間はマイナス10度まで冷え込み、ペットボトルの水がカチコチに凍るほど寒いこの砂漠で、久しぶりに暖かいベッドで寝られるなんて。今日はなんて贅沢なんだろう。翌朝は「よかったら朝ごはん食べていきなよ」と朝食バイキングまでごちそうになってしまった。久しぶりに食べるハムやチーズ、ヨーグルト……。感激しながら気持ち悪くなるほど食べた。まさに砂漠の中のオアシス。過酷な道ほど人はやさしい。

くだらない坂

親切なホテルの人たちに何度もお礼を言い、しばらく進むとその先はこれまで以上の深砂で押すのすらしんどい。終わりの見えない上り坂。やっと登りきった!と思ったら、今度はブレーキいらずの下り坂。今までのわたしなら、「もう! なんで下りなのに進まないんだよ、せっかく上ったのに! ちくしょー!」とイライラしていたことだろう。昔から感情のコントロールができなかったわたしは、カッとなるとすぐに手足が出てしまう。自分の部屋の窓や妹の部屋のドアを蹴破ったこともある。

単調な景色の中を進んでいると、思念がぐるぐると頭を駆け巡る。ここ数日の間ずっと、「怒りや悔しさ、イライラはどこからやってくるのか」を考えていた。結局は「期待に満たなかった時に起こる感情」なのだ。自分にも他人にも、勝手に期待して勝手にイライラしているのだ。

この感情をコントロールするには、はじめから期待しない、もしくはありのままを受け入れればいい。「ああ、これは〝下らない坂〟なんですね」と受け入れれば、イライラしない。これって当たり前のことなのかもしれないけど、わたしにとっては目からウロコの大発見だった。

峠を越えると道もだいぶマシになり、周りの景色を楽しむ余裕が出てきた。強風と日夜の温度差（夜は最低マイナス25度!）によって岩が風化し、奇岩がたくさんできている。大きな奇岩の下にテントを張り、静かな夜を過ごした。

意識とテントをなくす

竜巻が発生する暴風の中、赤い宝石、ラグーナ・コロラダに着いた。湖水が赤く見えるのは、湖に生息している藻類の色素やプランクトンの堆積物によるもの。ところどころ白い砂が堆積していて、赤と白のコントラストが美しい。

丘の下なら風を多少防げるかもしれないと思い、湖畔に降りる。爆風に煽られているのを見かねて、近くにいたツアー客の人たちが荷物を運び、テントを張るのを手伝ってくれた。

無数のフラミンゴを眺めながら、ひろちゃんにもらったど○兵衛をすする。ど○兵衛うまいなあ。フラミンゴっておいしいのかな。でもあんまり食べるところなさそうだな。

気が付けば日は傾き、あれだけいた観光客もいなくなっていた。湖はまるでカメレオンのように刻々と色を変えて行く。赤から紫、青、そして最後はフラミンゴと見分けがつかないほどのピンク色に染まった。こんな景色を独り占めできるなんて。なんて贅沢なんだろう。

この宝石の道には、砂漠なのに温泉があるという。

何日もお風呂に入っていなかったからなおさら、その温泉をとても楽しみにしていた。最高地点4900mのピークを越えてからはほぼ下り。路面状態も悪くないので怖いぐらいスピードが出る。ところどころガタガタで石ころも砂もあるので油断はできないが、この調子なら夕方までには温泉に着きそうだなあ。

だが、「温泉まであと5㎞」の表示を最後に記憶がない。

どれぐらい時間が経ったのだろうか。気がつくと、わたしは地面に横たわっていた。

あれ？　わたし、なんでここにいるんだっけ？

どうやら転んで頭を打ったようだ。ヘルメットをしていて良かった。とりあえず前に進まないと。立ち上がり、意識が朦朧とする中、自転車を押す。

向こう側からスイス人のチャリダー夫婦がやってきた。しばらく話していたのだが、よっぽどわたしの様子がおかしかったのだろう、彼らは来た道を引き返して一緒についてきてくれることになった。ステフは先回りして温泉まで行き、シビルは通りがかったトラックに、わたしと自転車を温泉まで乗せて行ってくれるように頼んでくれた。

この宝石の道を1週間走って、出会ったチャリダーは彼らが2組目。今思えば本当に幸運だった。さらに運のいいことに、温泉の目の前には宿があり、そこのベッドに寝かせてもらった。宿に泊まっていた人たちにも温かいお茶をいれてもらったり、着替えを手伝ってもらったり。

申し訳ない気持ちとありがたい気持ちと、もし明日脳出血で死んだら親に顔向けできないという気持ちと、たくさんの感情がごっちゃになって、「ありがとう」と言いながら、涙が止まらなかった。

横になるまで気付かなかったが、頭はガンガンし、右半身も痛くて、今寝たらこのまま目が覚めないのではと思うと、怖くてなかなか寝付けなかった。夜中も何度も痛みで目が覚めた。その度に「ああ、まだわたし生きてる……。よかった……」と遺書でも書こうかと思いつつ、そんな余力もなく、再び眠りに落ちた。

最後の宝石

翌朝、だいぶ痛みも引いて、起き上がって改めて荷物を見た。

メガネは折れ、ヘルメットはヒビが入り、カッパも力バンも破れ、そしてテントが……ない。どこを探しても見つからない。よっぽど派手に転んだのだ。

もうバスで移動しようかと弱気になっていたが、温泉に浸かって一日療養し元気になった。引き続き、自転車で行こうと決めた。

チリの国境まではあとわずか。それはつまり、宝石の道の終点を意味する。

いつもは夕方から吹く風が、今日は昼前から吹き始める。強烈な向かい風と上り坂。まったく、最後まで楽しませてくれるぜ。でもこれまでを思えば、上りだろうが、向かい風だろうが、自転車に乗れるだけましだ。とにかく湖まで、ほとんど無心で走った。

そして丘を登ると、ついにそいつが姿を見せた。

エメラルドに輝く湖、ラグーナ・ベルデ。

「こ、これだ。これだよ……」

見た瞬間に涙が溢れてきた。はじめての嬉し涙だ。

8日間、このために走ってきたんだ。数々の場面が頭を駆け巡る。孤独で辛くて何度もやめたいと思ったけど、それでも諦めなくて本当によかった。すべての悔し涙が報われるほど、幻のような最後の宝石、ラグーナ・ベルデは一際美しく輝いていた。

丘を越えると、もうその姿は見えない。

テントはないし風が強いので、湖のほとりの宿でボリビア最後の夜を過ごした。

特にやることもないので、宿のおばちゃんがごはんを作る様子をずっと眺めていた。ここでもまた、手の上で見事にみじん切りをしていた。スパゲッティの袋はドン!と机に叩きつけて開けるわ、缶は包丁でザクザクと開けるわ、とにかく豪快。

鶏肉のマスタード焼き、オカ(芋)とごはん、パスタ、スープ、サラダを同時進行で作る手際の良さに見入ってしまった。そしてそれは、今まで食べたボリビア料理の中で一番おいしかった。

無一文

宝石の道を抜けて、入国スタンプをもらうためにチリのサン・ペドロ・デ・アタカマを経由し、アルゼンチンのハマという小さな村に着いた。宝石の道でテントを紛失してしまったし、風が強

PERU

①マチュピチュをバックにたい焼きと
ツーショットのあさちゃん
②標高4000ｍの棚田で塩を作る不思議な光景
「マラスの塩田」
③リャマやアルパカがあちこちで放牧されている
④カラフルな民族衣装の少女たち
⑤トウモロコシを発酵させて作る「チチャ」
⑥雪がとけ、レインボーマウンテンが姿を現した

Chinchero

2人1組、毛糸を転がして縦糸を張る

鮮やかな手つきで織り上げていく

わたしは1日がかりでたったこれだけ

動植物や身近な道具などがモチーフ

Lago Titicaca

アマンタニ島でホームステイした
フランシスカに糸紡ぎを習う

織物が世界遺産のタキーレ島では
男性も編物をする

鮮やかなペルーの染めと織り

@Centro de Textiles Tradicionales del Cusco

葉っぱやトウモロコシ、豆、サボテンに付くカイガラムシ（コチニール）など
すべて天然の染料でこんなに鮮やかな色が出るなんて！

サクタの根を
すりおろして
せっけん代わりに

劇的
ビフォー
アフター

コチニールに塩を加えると
オレンジに、火山灰土を加
えると黒に！
塩の量を変えるとグラデー
ションもできる

BOLIVIA

①「初心者」でも登れる6088mのワイナポトシ山頂
②ウユニ塩湖にて初キャンプに浮かれるひろちゃん
③強風と気温差によって木の形に削られた奇岩
④日が傾くにつれ、フラミンゴと同じピンク色に染まる湖
⑤暴風で飛ばされたテントをキャッチしてホッと一安心
⑥8日間苦しんだ砂漠を乗り越え、この湖が見えた時、思わず涙がこぼれた

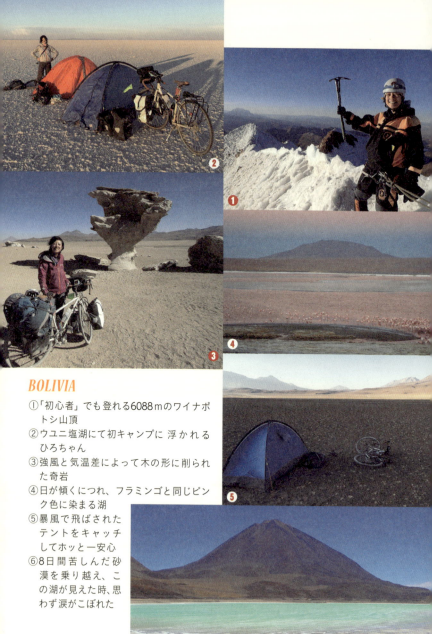

くなってきたので宿を探す。

さすがにテントなしの野宿はきびしい。この町唯一のガソリンスタンドに併設された宿は高額で、おまけにわたしはアルゼンチン・ペソを持っていない。国境を越えれば当然両替所があると思っていたが、どこを探しても見当たらないのだ。

途方に暮れてガソリンスタンドに戻ると、カフェスペースに座っていた男性に話しかけられた。

「君、もしかしてチャリダー？」

彼もチャリダーらしく、友人とふたりでここに泊まっているという。

「うちの部屋、ベッドがひとつ余っているから友達に聞いてみようか？ 俺たちは明日チリに向かうからアルゼンチン・ペソとチリ・ペソを交換すればいいし」

彼の友人もOKしてくれて、ふたりの部屋にお邪魔することになった。

フランス人のウーゴとポーランド人のロバートはとっても気さくで、すぐに打ち解けた。わたしのためにベッドを空けてくれたふたりは、ひとつのベッドで一緒に寝ることになってしまった。

しばらくすると、ウーゴはおもむろに小麦粉を取り出し、なんとホテルの机の上でこねだした。ホテルの部屋でもパンをこねるとは、さすがフランス人！って感心している場合じゃない。机の上を真っ白にしたかと思うと、今度は部屋の中でキャンプ用のストーブを取り出し、こねたパン生地を油で揚げ始めた。ガソリンストーブのすさまじい炎と煙が上がる。

ロバートは火災報知器が鳴らないかとひやひやしていた。部屋の中は相当に煙たかったから、おそらく火災報知器は付いていないのか、壊れていたのだろう。「明日チリ入りするから野菜とか全部使い切らないと！」と、とても豪華な夕飯をごちそうしてくれた。

翌朝お金を払おうとしたら、現金を20ドルしか持っていないと判明。渡そうとしたが「この先何があるかわからないから取っておきな」と受け取ってくれない。おまけに昨日食べきれなかったトマトや卵もくれた。テントをなくしていなかったら、お金が両替できていたら、懐の深い彼らに出会うこともなかっただろう。

アルデア・ルナ

フランス人チャリダー・バプティストの、「ごはんがめちゃくちゃおいしいから！」という大プッシュに心引かれて、アルデア・ルナというオーガニック農園に2週間ほど滞在することにした。農園主の奥さんはスペイン語の先生でもあり、農作業を手伝いながらスペイン語も学べるという。これまでグーグル大先生の翻訳をたよりに、片言のスペイン語と身振り手振りでどうにか乗り切ってきたが、そろそろ一から勉強する必要があると思っていたし、砂漠で身も心もボロボロになり、しばらくゆっくりしたいと思っていたから、絶好のタイミングだ。

途中、プルママルカという村でふと振り返ると、そこにも七色の山があった。

ペルーのレインボーマウンテンはひとつの山が七色だったが、こちらはひとつひとつの山が緑、オレンジ、赤、と違う色をしている。日本にはない色や景色、こんな世界を見て育ったら色彩感覚も変わるだろう。自然というのはかくも多様な表情を見せてくれるのか、とただただ驚く。

もうひとつ驚いたのは、木がある！ということ。南米に入ってからというもの、ずっと富士山よりも高い土地の荒涼とした風景と砂漠の攻撃的な草しか見ていなかったから、木があることに感動。花まで咲いている。

標高1200mのフフイまで、一気に下る。町に着いたのは昼過ぎ、冷たい飲み物を買おうとしたが、ゴーストタウンのように閑散として、ほとんどの店が閉まっている。これが噂に聞く「シエスタ」というものか。

フフイの町から農園まで山道を20㎞ほど走る。はじめは「宝石の道に比べればこんなの朝めし前だぜ！」と思っていたのに、最後の数㎞は押すのもしんどいほどの激坂だった。ケータイの電波も届かないので、連絡が取れず不安に思っていたから、農場主のマーティンが迎えに来てくれて心底ホッとした。

「やあ、よく来たね。ここから先は車に乗って！」

荷台にわたしと自転車を積み込んで出発。助手席にはアナというかわいい娘さんが乗っていた。

この先に道なんてあるの⁉というような細い道をすり抜け、川の中をジャバジャバと突き進み、荷台から振り落とされそうになりながら、ようやくアルデア・ルナにたどり着いた。

カカ・デ・バカ

電気は照明用のソーラーのみ。水道は川の水をポンプで汲み上げ、インターネットも引いていない。敷地内にはたくさんの野菜と果樹。ニワトリがいて、食料は端境期以外ほぼ自給。

不便極まりない山奥にも関わらず、この農園の噂を聞きつけて国内外から訪れるボランティアやゲストで常にあふれている。

着くなり早速、夕食の時間だ。フランス人に取り囲まれた席に着いてしまい、1ミリも理解できないフランス語が飛び交う中、ちょっと孤独を感じながらごはんを食べた。毎週金曜日の夜に特別に食べるという、卵入りの自家製パンがとってもおいしかった。

次の日から、午前中は畑仕事。

この時期は主に夏野菜の植付け準備と定植。裏山に入ると、近所の人が放牧している牛の糞が落ちている。カラカラに乾燥した牛糞を拾っては袋に詰めて畑に運ぶ。穴を掘って牛糞を細かく砕き、その上にトマトやウリ類を植える。土が痩せているので、これを繰り返して徐々に肥沃な土壌にしていくという。最初は「うんこ拾いかよ〜」と思っていたが、だんだんそのうんこ拾いにハマり、ホットスポットを見つけるのが得意になっていった。

午後と日曜日はフリータイム。

山にハイキングに行ったり、川で水浴びをしたり、ハンモックでうたた寝をしたり読書をしたり、カードゲームをしたり。ネットやテレビがないと、時間ってこんなにもあるんだなあと気付かされる。髪がだいぶ伸びたので、アメリカ人のイロナに切ってもらった。彼女は歌がすごく上手くて、一緒にギターを弾きながら歌ったり、アルデア・ルナのテーマソング「カカ・デ・バカ（牛の糞）」を作ったりした。

夕方はスペイン語のレッスン。

マーティンの奥さんのエリザベスはとてもいい先生で、初心者のわたしにもわかりやすく、すぐに役に立つことを優先的にピックアップして、丁寧に教えてくれた。いつも楽しめる工夫をしてくれて、パンやおやつの作り方をスペイン語で教えてくれることもあった。

食事はベジタリアンメニューで、自家製の卵以外の動物性食品は一切とらない。

ここには冷蔵庫がない。チチカカ湖でホームステイした家でもそうだったが、肉や魚、乳製品などがなければ、冷蔵庫って必要ないんだと気付かされる。「あれば便利だけどなくてもいいもの」って、世の中にけっこう溢れているんだよな。

それにしても、ごはんは噂通りめちゃくちゃおいしかった。

玉ねぎとズッキーニがたっぷり入ったオムレツ、オレガノライス、前日の余り物で作った玄米ハンバーグ、食後のニンジンやオレンジのケーキまで。これがおいしくてついつい食べすぎてしまう。はじめは一人前を平らげるのがやっとだったのに、終いには玄米ハンバーグを6つとか平気で食べていて、日に日に胃袋が大きくなっていくのを実感。自転車に乗っていないのにこのペースで食べ続けたらやばいかも……と思いつつ、あまりのおいしさに食欲が止まらない。

普段はほぼ電気のない暮らしなのに、土曜日の夜は「ディスコナイト」。この日だけは発電機を回し、音楽とミラーボールで農園がディスコに大変身。みんなお酒片手に踊る。ストイックになりすぎず、こういうアソビがある。どんな人が見ても「素敵だな」と思える空間や場所を創り上げるバランス感覚はすごい。

生まれと育ち

わたしが滞在している間、常に入れ替わり立ち代わりボランティアがやってきた。アルゼンチン、フランス、イギリス、アメリカ、スウェーデン、カナダ、などさまざまな国の人に出会った。日本人はわたしがはじめてだったらしい。スペイン語、英語、フランス語など常に多言語が飛び交う。普段から畑をやっている人や、ベジタリアンだという人はほぼ皆無で、なんとなく面白そうだから来た、という人が多かったのも印象的だった。

カナダ人のガビという女の子と、スウェーデン人のマティウスという男の子がやってきた。ふたりとも見た目はアジア系で、聞くと、それぞれ韓国とベトナムからの養子だという。

「俺は養子にもらわれて本当にラッキーだったよ。もしベトナムで育っていたら、大学に行くことも、こうしてここに来ることもできなかっただろうしね。ベトナムの家族には会ったことがないし、俺にとっての親は間違いなくスウェーデンの親だと思っているよ。人格を決めるのはＤＮＡよりも環境だよ」とマティウス。ガビも同じように思っているようだった。彼らは外見が違うからとか、養子だから、といじめられることもなく育ってきたという。

今まで身近に養子だという人に出会ったことがなかったわたしは、日本だったらどうだっただろうと、草取りをしながらふと考える。スウェーデンやカナダのように多様性を受け入れる土壌がなく、「他人と同じであること」を求められる社会でも、彼らはのびのびと育つことができただろうか。

最後の晩はマティウスの誕生日で、ケーキを作ってお祝いした。彼は太っ腹にも、ワイン6本とチーズを仕入れてみんなに振る舞ってくれた。自分の誕生日に他人に振る舞うなんてカッコイイ。マティウスはもともとベジタリアンでも農に興味があったわけでもないのに、なぜここにきたのだろう。超肉食系男子だったという彼は、ここで過ごすうちに「肉って意外となくてもいけるんだな」と気付いたという。

農に興味がある人にさらに一歩踏み込んでもらうための活動を、わたしも日本でしていたこともあるから、全く興味のないところから「これもアリだな」と思わせる変化は、すごいことだと分かる。誰かにとって何かのきっかけになるような、そんな場をいつかわたしも作りたい。

砂漠でボロボロになった後に、ゆったり過ごせる時間と場所があったのはとてもありがたかった。何よりも、ここで出会った人たちが本当に温かくて居心地が良かった。

ワインと鼻笛

アルデア・ルナを発ち、2週間ぶりに走り出すのは身も心も重かった。サルタの町にたどり着き、安物のテントを買ってキャンプ場に行くと、ドイツ人チャリダーのフィリップと出会った。彼は壊れた寝袋3つとマット2つを含む50kgもの荷物を運んでいる。アメリカで重そうな巨大テントと調理道具一式を運んでいたグンターと言い、ドイツ人は重量級が好きなのだろうか。

国道68号線沿いは赤みを帯びた渓谷地帯で、不思議な形の「奇岩」が次から次へと出現し、走っていて飽きない。ここサルタからメンドーサまでの数百キロは「ワイン街道」。いたるところにぶどう畑があり、ボデガ（ワイナリー）が点在している。カラファテの街のボデガでは、ワインのテイスティングをさせてもらった。テロワールがなんちゃらとか、気の利いたコメントでも言ってみたいが、正直違いのわからないわたしには安価なパックワインで十分だ。

それにしても、アルゼンチンに入ってからまともに眠れない。この国の人たちはシエスタがあるせいか夜まで元気で、夜中の0時ぐらいからキャンプ場にやってきては、どんちゃん騒ぎを始めるのだ。おまけに犬まで、夜になるとギャンギャン吠えだす。テントの外から襲いかかって来た野犬に、中から一発お見舞いしてやったこともある。

そんなある日、森の中にあるとても素敵なキャンプ場を見つけた。トイレもシャワーも閉まっていたが、きれいな川が流れていたので水浴びをした。

夕飯を作っているとブエノスアイレスから来たというチャリダーふたり組がやってきた。

「一緒に飲もう！」と誘われて、ワインを飲みながら、いつしかウクレレと鼻笛でセッションが始まった。親友のしょうちゃんにもらった鼻笛を、わたしは出発前から常に身につけているのだが、これがなかなかのお役立ちアイテム。鳴らすのにちょっとしたコツがいるので、「それ何？」「こうやるんだよ」と、言葉が通じなくてもそれだけで盛り上がる。

おいしい料理と音楽は、やっぱり最強のコミュニケーションツールだ。

ふたりの自分

翌日は朝からひたすら上り坂。標高1000mから1900mまでわずか10㎞を上るのに3時間以上が経過している。あと一体何キロ続くのだろう。

漕ぐのも面倒になったので、自転車を降りて押していると、一台の車が目の前で止まった。

「乗ってくか？」と聞かれて、ふたりの自分が闘う。

「ラッキー！　乗っちゃえ乗っちゃえ！」「え〜もう少しがんばろうぜ。ここで乗ったら達成感ないぞ」結局わたしは……乗ってしまった。

頂上まではたったの数キロだった。車ではわずか数分、自転車なら小一時間といったところか。

頂上で降ろしてもらった後、なんとなく煮え切らない。罪悪感を抱えながら坂を下った。また安易な方、楽な方に逃げてしまった……。こんな気持ちになることは分かっていたのに。自分で納得していないのに、自分の気持に嘘はつけない。乗せてくれたお兄さんにも申し訳ない。

それにしても、どうしてこんなにも後悔するのだろう。走りながら考える。

わたしは自分の弱さを認めたくないのだろう。「あの人はあんなにがんばっているから」「わたしのほうがすごいって思われたい」。昔から負けず嫌いだった。本当はひとりじゃ何もできない、だめだめなわたしなのに。

でもだめだからこそ、今までもたくさんの人が助けてくれたんじゃないか。素直に受け取って、受け取った分、わたしも誰かに返していきたい。自分にも他人にももっと大きな心で関われるようになりたい。

一期一会

メンドーサに向かうのに、何を血迷ったか100km以上遠回りの道を選んでしまった。

前日キャンプ場で出会ったブエノスのふたりに「40号線は何もないからこの道がいいよ」と勧められたからだ。たしかに砂漠と車しかない景色に飽きていた。

その遠回りの道には、世界遺産に登録されている国立公園が2つある。いかにも美しくて壮大な景色を想像するだろう。わたしもそうだった。しかしその道は相変わらずの砂漠だった。しかも車通りもまばら。本当に世界遺産なのかと疑いたくなる。

そして、国立公園に入るには入場料の他にガイド付きのツアーに参加しなくてはならない。約4000円というビンボーチャリダーにはなかなか痛い出費で、結局入らなかった。来たという証拠にとりあえず入口の写真だけ撮った。ああ、ますますなんのために遠回りしたのかわからない。

午後からは強風が吹く中、上り坂を走った。キャンプできそうなところを探したが、20㎞走っても何も見つからない。時々遠くにシェルターのように見えるものがあり、そこを目指して走るのだが、近づくと幻だと気付く。

次のキャンプ場までは60㎞あまり。疲れ果てたので風除けと木陰を求めて木の下に避難。道から見えるから、暗くなるまで待ってここにテントでも張ろうかな、と考えるうちに、うとうとシエスタタイム。

目を開けると目の前に車が停まっていた。しかもイケイケのお兄さんがこっちに向かって歩いてくる。「や、やばい!」慌てて飛び起きると、イケイケのお兄さんは水とお菓子を差し出してくれた。道端に倒れているわたしを心配してくれたようだった。

さらに「乗るか?」と聞かれる。

昨日後悔したばかり。一瞬ためらった。でも身も心も疲れ果てていたので、今日はありがたく乗せてもらうことにした。

40㎞先の分岐点まで乗せてもらい、お兄さんにお礼を告げる。不思議と罪悪感はなかった。結局は自分が納得できるかどうかなのだ。

そこからキャンプ場までは17㎞。風も追い風になり、暗くなる前に着くことができた。

キャンプ場に着くと自転車が2台。ベルギー人のご夫婦ダークとリーだった。20年以上、毎年世界各地を走っていて、今回は3ヶ月かけてアルゼンチンを走りに来たという。なんてかっこいいご夫婦なのだろう。今まで旅してきた国の話をたくさん聞かせてもらった。特にキューバや南アフリカの話は、これまで触れたことのない世界でますます行ってみたくなる。

導かれるように

翌日、同じ方向に向かうふたりに着いて行くことにした。昨日はあれだけ後悔していたのに、今日は本当にこの道を選んでよかったと思った。アップダウンの続く道を進んだ後、20㎞のダウンヒル。標高1500mから800mまで一気に下る。傾斜も程よく、ブレーキいっぱい握りしめなくても、ゆっくりーゆっくりー下ってくー。眺めも最高で気持ちのいい道だった。

ロデオという湖のほとりの町へ向かう。ビューポイントまでの九十九折の道は、今までの中でも特に傾斜がきつく、滝のように汗が吹き出した。

その後もアップダウンの続く川沿いの道を走る。ふたりとも走り慣れているだけあってとても速く、ちょっと油断すると遥か彼方にいる。とてもわたしの両親と同世代とは思えない。着いて行くのに必死だったが、ひとりだったらきっと何度も止まっていたところを必死に食らいついたおかげで、いいトレーニングになった。

そして、坂を上りきると……。

「うわー!!」

思わず歓声がもれた。宝石の道で見たラグーナ・ベルデよりもミドリな湖。そして背後には雪を被ったアンデスの山々。なんて美しいんだろう! 写真を撮ろうとしたら自転車ごとふっとばされるほどの爆風だったけれど。

ロデオの町のキャンプ場に着き、生ハムやチーズ、ワインを買って「カンパーイ!」。

やっぱり人と一緒っていいな、とこういう時に思う。

アルゼンチン人のふたりに出会わなければ、遠回りの道を選ぶこともなく、イケイケのお兄さんが乗せてくれなかったら絶対にキャンプ場にはたどり着けず、ダークとリーとも出会うことがなかった。彼らに会わなければ、わたしはこの道を走ることもなかった。

つくづく出会いとタイミングは面白いものだ。

旅先でのひとつひとつの出会いが、わたしの行く先を変えていく。

白馬とシャンパン

翌日も朝から上り。

わたしは上りが苦手なので一足先に出たのだが、あっという間にダークとリーに追い抜かれる。そして2時間ほど走ったところで、分かれ道に出た。

昨日までは考えもしなかったけど、最後にアルゼンチンらしく、ワインと肉を堪能したいと急に思い立ち、サンホアンからメンドーサに抜けることにした。

「やっぱりわたし、こっちに行くことにするよ」

「おお、そうか。残念だけど、またどこかで会おう」

分かれ道で待ってくれていたふたりに別れを告げ、道を下る。いつも背中を追いかけていたけど、親のように見守ってもらって、すごく頼もしかったよ、ありがとう！


サンホアンは久しぶりの都会だった。

おまけに標高が650mまで一気に下がったので暑い。マップ上に示されるキャンプ場をいくつか周ったが、いずれもキャンプはできないと言われて、たどり着いたのは何かの工場。日も傾いて途方に暮れていたところ、工場のおじさんが哀れんでキャンプさせてくれた。

翌朝、サンホアンの南10㎞ぐらいにオーガニックのシャンパン農場があることを知り、そこへ向かう。少し早めに着いたので、工場が開くのを待っている間に農場を散策。

ぶどう畑の畝間を白馬がゆっくり耕していた。その美しい光景に思わず見とれていると、工場のおじさんがやってきた。

おじさんは親切にわたしひとりのために昔ながらの製造工程を丁寧に実演してくれた。

白ぶどうの果汁とシャンパン用のイーストを瓶につめ、発酵が進んだところでそれを逆さまにして冷凍庫で冷やす。そしてそれを開けると、ポンッ!という音とともに、蓋の近くに溜まっていた澱《おり》が吹き飛んでシャンパンがきれいになる。ひとくち含むと爽やかな香りが口いっぱいに広がる。

ぶどうの木の下には相性のいいトマトを植え、シャンパンやぶどうジャムの他にトマトピューレなども販売していた。シャンパンを買いたかったが、持ち運ぶことを考えてバルサミコ酢やトマトピューレをおみやげに買い、農場を後にした。

ヒッチハイクとアサドパーティー

サンホアンからメンドーサに向かう40号線は交通量が多い。路肩も狭くて危ないので、ヒッチハイクすることにした。先日は乗せてもらってあれだけ後悔したのに、今度は自ら求めるなんて、わたしは本当に気まぐれだ。15分ほどで1台の車が止まり、メンドーサの実家に帰る途中だという素敵なカップルが乗せてくれた。

アンディとアゲタはとてもやさしくて、マテ茶やパンをふるまってくれた。マテ茶は南米でよく飲まれるお茶。ひょうたんの実や木でできたマテ壺に茶葉を入れて、先端に細かい穴の空いた「ボンビージャ」というストローで吸うので、茶葉は残して液体だけ飲むことができるのだ。家族同士でも、初対面の人同士でも、マテ茶を回し飲みしながらおしゃべりを楽しむのが南米流。アゲタが庭で育てたハーブで作ったというスペシャルブレンドのマテには、ミントやオレンジが入っていてとてもおいしい。おみやげ用にも分けてくれた。

アルゼンチンの家族が仲良しなのはきっとマテ茶があるからに違いない！ そう思ったわたしは後日、家族にマテセットをプレゼントしたのだった。

町の手前でお礼を言って降りようとすると、「よかったらお昼ごはん食べていかない？」との嬉しいお誘い。ご好意に甘えることにした。

アンディのお母さんが作ってくれた「ミラネーサ」というアルゼンチン風トンカツは、ニンニクとイタリアンパセリがたっぷり効いていて、付け合せはマッシュポテト＆パンプキン。あまりにおいしくて、ついついおかわり。どこの国に行っても、やはり家庭料理に勝るものなし。昼食を食べながら、片言のスペイン語でコミュニケーションをはかる。

「せっかくだから今日泊まっていったらいいじゃない！ 今夜はうちで友人のサプライズ・バースデーパーティーをやるのよ！」

そう言われて断る理由などない。

パーティーがあると聞いたものの、20時になっても準備の気配すらない。本当に今日かしら？と思って聞くと、「あー、まだまだだよ」。

20時半ぐらいからようやく準備が始まり、ガレージがあっという間にレストランに早変わり。21時半ぐらいから徐々に人が集まってきたが、依然始まる気配はない。22時過ぎ、アンディに誘われて友達の家までついて行く。友達を呼びに来たのかと思いきや、そこで飲み始めた。あれ、もう22時半ですけど？

結局パーティーが始まったのは23時過ぎ。

「アサド」という牛の塊肉をそのまま焼く、なんとも豪快なアルゼンチン流BBQ。アルゼンチンに来てから、ほぼベジタリアンと化していたわたしにとって、久しぶりの肉肉しい食卓。

深夜1時を回る頃、音楽が一層大きくなったかと思うと、謎の被り物が配られ、そこから謎のダンスが始まった。それから飲めや踊れや歌えやのどんちゃん騒ぎ。飛び入りのわたしも混ぜてもらって楽しんだ。わたしは2時にダウンしたが、宴は5時まで続いたようだ。さすが夜行性のアルゼンチン人。

翌朝、アンディとアゲダはチリに旅立つという。わたしも一緒に出発しようとしたら、「あら、もう1泊していったらいいじゃない。今日は友人の家でピザパーティーなのよ！」とご両親。

そう言われたら断る理由などない。その日もたくさんの人に囲まれ、質問攻めに遭う。みんなとってもフレンドリー。またもわたしが作った肉じゃがや卵焼きを喜んで食べてくれた。

ヒッチハイクから繋がったご縁で、素敵な人々に出会えた。

笑っちゃうくらいの悪路の後に

旅の様子をFacebookやブログで報告していると、たくさんの人が応援のメッセージやアドバイスをくれる。

「登り坂に苦労しているならギア比を見直した方がいいよ」

先輩チャリダーのアツシさんから貴重なアドバイスをもらい、メンドーサの街中にある自転車屋さんへ。求めていたギアも見つかり、ドロドロのチャリもキレイになり、メンテナンスもバッチリ。さあこれでアンデスもらくらく越えられる！　はず！

お世話になった家族にお礼を告げ、出発した。

アンデス山脈を越えるにはいくつかのルートがある。

わたしが選んだのは、アルゼンチンのメンドーサからチリのサンティアゴへと抜ける、最もメジャーなルート。交通量の多い国道を避けて迂回路を進んでいた。

はじめは良かったが、途中から道がどんどん悪くなり、道の真中には隕石が落ちたのではないか？と思われるような巨大な穴が。さらに進んで行くと、ついには道がなくなった。

え～！　どういうこと⁉　あまりの事態に笑けてくる。

走りやすそうな国道がすぐそこにあるのに、なんでわざわざこんな悪路を進んでいるのか……。この道を選んだ自分を呪いつつ、干上がった川の跡と思しき砂の中、自転車を押して進む。宝石の道を思い出すほど砂が深い。

まるでひとりでアスレチックをしているかのようだ。

途中でデイキャンプをしている一行に遭遇した。息も絶え絶えに、「こ、国道にでる道はどこですか？」と尋ねる。

「その坂を右に曲がって行けば道に出られるわよ。まあまあ、とりあえずコーラでも飲んで！」とコップを手渡される。

干からびた身体にコーラが沁み渡る。「ありがとう！」と出発しようとすると、坂を押して上がるのを手伝ってくれた。

それからしばらく走り、湖の近くでキャンプできる場所を探していると、メンドーサから来たという家族に呼び止められる。英語の先生をしているという娘さんは英語が堪能で、カメラマンのお父さんに写真を撮ってもらったり、おやつをいただいたりした。

わたしの自転車に興味津々だったので、乗せてあげたらとても喜んでいた。

「1日の予算はいくらぐらいなんだ?」と聞くので、「100〜150ペソぐらいかな?」と答えると、「じゃあこれで3、4日はいけるだろう?」と500ペソ札(約3400円)を手渡されてたじろぐ。こんな見ず知らずの人にやさしくできるなんて、なんて懐が深いのだろう。

会う人会う人に「アルゼンチンはいい人と同じぐらい悪い人もいるから気を付けて」と言われるのだけど、そんな言葉も信じられなくなるぐらい、いい人にしか出会っていない。

飛ばされど飛ばされど

湖のほとりで目を覚まし、再びチリに向けて走り出す。

午前中は順調で、昼前にはウスパジャタという町に着いた。

ところが、午後から進路が変わったこともあり、ものすごい向かい風になる。その時はじめて、今まで順調だったのは追い風だったからだと気づく。渦中にいると当たり前すぎて気付かないことでも、一歩外に出るとそのありがたみに気付かされたりする。

この風の中漕ぐのか……と思いつつ、15㎞ほど進んだところ、ぐわっ!と突風に持ち上げられ、荷物

迷い込んでしまった悪路

満載の自転車ごと吹っ飛ばされて道端に倒れこんだ。

このまま倒れたふりをしていたら誰か拾ってくれるかしら……？と淡い期待をして待っていると、何台かの車が心配して止まり、様子を見にきてくれた。しかしいずれの車も残念ながら反対方向。

「ここで倒れているのは危ないからもう少し奥に行ったほうがいいよ」

「そうですよね。すみません……」

死んだふりをするのも紛らわしいが、この強風の中進むのも厳しいし、そのうち風も弱まるかなあ、などと考えているうちにその場で眠りについていた。


1時間後に目を覚ますと、風は弱まるどころかさらに強くなっている。

いつまでもここにいても仕方がないので、意を決して立ち上がる。立っているのも大変なほどの強風。横を120㎞／時で車が走り抜ける中、強風に煽られる自転車にまたがるのは自殺行為だ。押すことにした。20m進んではぶっ飛ばされる、を繰り返すこと数回。

この強風の中ではテントを張ることもできないし、どうしよう……。

車が通るたびに「お願い、乗せてー！」と叫んで半ば途方に暮れていたところ、またもや救世主様が現れた。目の前で車が止まってくれた時には、思わず涙がこぼれた。

「うう、ありがとうございます……」泣きながらお礼を告げ、隣町まで乗せていただく。

隣町には宿があると思っていたが、結局見つからず、公園にある建物を風除けにキャンプすることにした。

敷地には誰もいないようだが、水道もトイレもあるし、なんとWi-Fiまで飛んでいるではないか。「これは最高の野宿スポットや！」と喜び勇んでテントを張り、久しぶりに料理など始めたところへ、何人か人がやってきた。キャンプしてもいいかと聞いたところ、「ここはプライベートの公園だからキャンプしちゃいけないのよ」とあっさり断られてしまった。「早朝に出て行くから一晩だけお願い！」とごねてみたが、埒が明かない。

作りかけのごはんだけは食べさせてもらってテントをたたみ、再び坂を上がる。

もう20時を過ぎているし、風も強いし野宿はきびしいなあと思っていたが、5㎞ほど走ったところで、ホステルを見つける。250ペソ（約1700円）。これまでで一番高かったが、疲れ切っていたので泊まることにした。

この辺りは標高も高くて寒い。せっかく高いお金を払ったからには熱いシャワーを浴びようと蛇口をひねるが、一向に水しか出ない。どうやら古いシステムでお湯が温まるのに時間がかかるらしい。

お湯が温まるのを待っている間に、同じ宿に泊まっていたクライマーの人たちからビールやつまみを分けてもらって一緒に飲んだ。彼らはここにクライミングのコースを作るための工事をしているそうだ。

3時間たっても結局シャワーはぬるいまま。日本の熱いお風呂を恋しく思いながら、アルゼンチン最後の夜を過ごした。

アンデスを越えて行け

早起きしてなるべく風のないうちに走ろうと思っていたのに、昨夜のシャワー待ちのおかげで見事寝坊。そして今日に限って朝から風が吹いている。

宿を出ると目の前に突如現れた雪山。南米大陸最高峰アコンカグア、6960m！

ここからは1㎞につき標高が100mずつ上がっていくようで、向かい風もあってなかなか進まない。しかし、わたしにはメンドーサで変えた新しいギアがあるのだ。坂はキツイけど、以前のように押すことなく乗ったまま上がることができた。

朝はきれいに見えていたアコンカグアだが、近づくにつれて雲隠れしてしまった。ちょこっと顔を出してくれないかな~と期待してビューポイントで少しねばってみたものの、お昼を食べているうちにどんどん風が強くなってきた。

慌てて荷物を片付けて出発。昨日の二の舞はもうイヤだ。

国境手前のトンネルからはげしい渋滞。何かのストライキでゲートが閉まっているという。チャリのわたしは5、6㎞延々と続く車の列を横目にするすると抜けることができた。

ゲートの先のトンネルは自転車通行禁止のため、エマージェンシーカーに乗せてもらう。受付のおじさんに頼むと「5分待ってて」と言われる。

30分後、ようやく現れたエマージェンシーカー（ただのハコバン）に乗り込み、トンネルを抜ける。

ついにチリ！　一気に景色が変わり、山々がグッと近くなった。

数キロ先のイミグレで入国審査。前回はチリの税関でキヌアやチアシードを没収されたから、国境手前で気持ち悪くなるほどがんばってオレンジを全部食べたのに、今回に限って荷物は全くチェックされなかった。人生こういうもんだ。

イミグレを抜けると、今度はいろは坂もびっくりのワインディングロードが待ち受けていた。地図で見たときからすごいとは思っていたけど、実際に見るともっとすごい。23のつづら折りを駆け下りて行くダウンヒルは爽快で、2日かけて上った道を3時間ほどであっという間に下り、ロス・アンデスという町にたどり着いた。

宿を探し回るも、どうやらこの町は炭鉱夫が多く、安宿は空いていないらしい。キャンプ場もない。日が暮れようとする中、地図アプリを頼りに「ホステル」と名のつく場所を目指す。ようやく見つけたホステルは予算オーバーだったが、向かいにある看板もない宿を紹介してくれた。そして、そこが最高の宿だった。オーナーのお兄さんはとても親切で、できたばかりでとてもきれい。他に宿泊客はいないようで、ドミトリーをひとりで使わせてもらう。

久しぶりの熱いシャワーを浴びて出てくると、中庭で何やら盛り上がっている。今日はサッカーのチリvsウルグアイ戦が行われていて、お兄さんが近所の友人たちと一緒に観戦しているところだった。わたしも混ぜてもらい、ビールやおつまみをいただく。

サッカーのあとはそのままBBQ。肉だけでなく野菜もたっぷりでおいしい。

チリとアルゼンチンはお互いをライバル視しているようで、サッカーでも一番盛り上がるのは対アルゼンチン戦らしい。おそらく日本と韓国のような関係なのだろう。チリワインをふるまってもらったら、「アルゼンチンワインとどっちがうまい?」としきりに聞かれたので、「まだチリワインあんまり飲んでないからわからないや ー」とはぐらかした。

疲れていたのに楽しい時間はあっという間で、気付けば深夜2時を回っていた。


翌朝、寝ぼけ眼のお兄さんに見送られながら出発。

しばらく走っていると高速道路の入口にやってきてしまった。「自転車進入禁止」とある。かと言って、他に迂回できるような道もなさそうだ。

傍にいた警察官に「あの~自転車はどうしたらいいですか?」と尋ねると、「ああ、入っていいよ! ノー・プロブレム!」と言われて拍子抜け。あの看板は一体なんのためにあるのだろう。

おさかな天国

「海だあ〜‼」3ヶ月ぶりの海！　南米初の海！

山もいいけどやっぱり海も好き。潮風を浴びながら海岸線を走る。どことなく湘南や江ノ島を思わせる雰囲気が懐かしい。あまりに気持ちよくてニヤニヤが止まらない。

この1ヶ月、魚のことで頭がいっぱいだった。来る日も来る日も、あと何日で海へ出て魚が食べられるかをカウントダウンしていた。終わらない上り坂もアンデスの強風も、♪さかなさかなさかなと、魚のことを考えて乗り切った。


チリの港町ビーニャには、おいしい魚が食べられると評判の「汐見荘」という日本人宿がある。この日一緒に泊まった5人で魚市場へ向かう。

最初に目についたのは魚ではなく、おこぼれのアラを狙うペリカンとトドの軍団。ペリカンはずらりと屋根の上に並び、眼光鋭く睨みつけてくる。対するトドは砂浜の上でごろごろと転がりながら、エサが飛んで来るとだるそうに頭だけ持ち上げて食べ始める。

市場に並ぶ魚の種類は思っていたよりは少なく、サーモン、まぐろ、イカ、ムール貝を買う。目玉は穴子15匹。半分だけ買おうとしたら「全部じゃないと売ってあげない！」と言われたのだ。みんなに「そんなに買ってどうするの？　誰が捌くの？」と聞かれたが、「わたしが捌くから任せて！」と、やったこともないのに見栄を張る。だって捌いてみたいじゃない。お値段は15匹4000ペソ、1匹約40円！

お昼ごはんはサーモンまぐろアボカド丼とあら汁。「う、うますぎる……脂がとろける！」脂の甘味と醤油の塩気、そしてわさびの辛味が口の中で奏でるハーモニー。これを考えた人は天才だ。南米に入ってから数ヶ月間、待ち焦がれた刺身。醤油やわさびはここ南米では貴重品だが、同じ宿の宿泊者たちがここぞとばかりに出してくれた。

昼食を食べ終え、お次は穴子だ。目打ちをして捌くのだが、ぬるぬると滑ってなかなかうまくいかない。10匹やってようやくコツを掴んだ。みんな恐る恐る眺めていたが、「こんな機会めったにないよ！」と背中を押して、結局ひとり1匹は捌いた。骨と頭を焼いてからタレに入れると出汁になるというのでやってみると、骨を焼いただけで脂が出てきて唐揚げみたいでおいしい。つまみ食いばかりしていたら半分ぐらいなくなってしまった。

夕飯は穴子丼とイカのバター醤油炒め、ムール貝のワイン蒸し。夕方からさらにふたり増え、にぎやかな食卓。

これまでは「海外に来てわざわざ日本人宿に泊まる意味がわからない」と思っていたが、今ならよく分かる。久しぶりの日本語、そして久しぶりの日本食三昧に心底癒された。

来る日も来る日も魚市場へ通い、魚を買ってはみんなで料理して食べる日々。アワビの刺身、アワビのステーキ肝ソースがけ、レイネッタの刺身、茹でガニ、穴子の柳川風、穴子丼、カレーライス。最高のおさかな天国はここにあった。

たこ焼きとピスコサワー

ビーニャを発ち、次に向かったのはサンティアゴ。アメリカで出会ったジョージア人のマリアムという女の子が、最近チリ人のボーイフレンドと一緒に住み始めたということで、家に招待してくれたのだ。雨風がしのげて安心して寝られる空間があるだけでもありがたいのに、部屋まで用意してもらい、手作りのごはんをいただき、観光ツアーやおいしい魚料理の店に連れてってもらった。「ジョージア人はおもてなしが大好きなのよ」と彼女はウィンクする。ボーイフレンドのフーリオも忙しい中、とびきりおいしいピスコサワーという卵入りのカクテルを作ってくれた。絵に描いたような美男美女の素敵なカップルだった。

先輩チャリダーのアツシさんの紹介で、サンティアゴに住むまりえさん一家にもお世話になった。会うのは初めてなのに、まりえさんも旅人だったこともあってか、すぐに意気投合。たこ焼きやお寿司をごちそうになり、近くにあるおしゃれなカフェに連れて行ってもらった。ふたりの娘さんがかわいすぎて悩殺された。

サンティアゴを発つ日、まりえさん一家に見送られてバスに乗り込む。

目が覚めればそこはもうパタゴニア。どんな世界が待っているのだろうか。

URUGUAY
CHILE
TO CUBA
ARGENTINA
2/7-9
Pucon
FROM
SANTIAGO
11/26 Puerto Montt
2/1 El Bolson
12/3
La Junta
12/9 Coyhaique
12/21
O' Higgins
12/25-27
El Chalten
12/28-1/1 El Calafate
1/29-31 Rio Gallegos
1/10-14 Punta Arenas
1/23-25 Ushuaia

エピソード

3

パタゴニア

編

パタゴニアの味

サンティアゴから夜行バスに乗って、パタゴニアの玄関口・プエルトモンまでやってきた。

パタゴニアというのは南緯40度以南の、アルゼンチンとチリ両国にまたがる地域のこと。マゼランがそこに住む先住民をパタゴンと名付けたことに依るようだ。

バスではジュースとクッキーが出ると聞いていたので楽しみに待っていたが、最後までクッキーは出てこなかった。あまりにお腹が空いたのでプエルトモンに降り立った瞬間にバナナを買ってもぐもぐしていると、おばさんに話しかけられ、そのまま彼女の宿に連れて行かれた。

ちょっと高いけどひとり部屋だし、おばさんはいい人そうだし、Wi-Fiはサクサクだし、長距離移動で疲れて他を探すのも面倒なのでここに決める。

荷物を置いてひと休みしてからアンヘルモ市場へ向かう。途中で突然土砂降りに見舞われ、慌てて土産物屋さんに雨宿り。

市場に着くなり、名物の「クラント」という料理を求めてさまよう。クラントは、貝、肉、イモなどのごった煮で、元々は地面に穴を掘り、焼けた石の上に具材を入れ、ナルガという大きな葉っぱを重ねて蒸し焼きにして作っていたそうだ。しかし、今やこの方法が見られるのはツアーの時だけで、普段は鍋で作っているらしい。

わたしが頼んだものは、ムール貝9個、大あさり3個、はんぺんのような練り物2個、じゃがいも、鶏肉、豚肉、チョリソーが入っていた。これにさらにサービスでサーモンのセビチェ（マリネ）、パン2個、スープ、ピスコサワーが付いてくる。7000ペソ（約1200円）と少しお高めだったけれど、とてもおいしく、すでにブラックホールと化したわたしの胃袋さえも十二分に満たすボリュームだった。

アンジェのチュペ

翌朝は、市場で揚げたての貝が入ったエンパナーダ（包み焼き）を頬張り、60㎞先のフェリー乗り場へ。フェリーに乗って30分後、対岸にある世界遺産の島・チロエ島へ到着した。

海沿いを走ろうと思ったら、いきなり目の前に妖怪・ヌリカベのような砂利道が立ちはだかったので、慌てて引き返して国道に戻る。国道も坂はきついのだが、舗装されているだけましだ。アンクーの市場でサーモンとアボカドを買い、海が目の前に広がる絶好のロケーションでキャンプ。後からきたフランス人カップルとドイツ人女子ふたり組と一緒にワインを飲んだ。

チロエ島のアップダウンはなかなかエグくて、翌日も朝からずっと坂に悩まされ、思うように距離を稼げない。疲れ切った頃に目に飛び込んできた「エンパナーダ」の看板に吸い寄せられるようにして入っていくと、人懐っこい店主が出迎えてくれた。

熱々のエンパナーダにはお肉がゴロゴロ入っていてとてもジューシー。店主はわたしが日本人だと知ると、日本語で話し始めたのでびっくりして、そのまましばらく立ち話。わたしが「フェリーに乗りたいけどスケジュールがわからなくて困っている」と話すと、「ワタシノオネエサン、モットニホンゴジョウズダカラ、ツウヤクシテモライナ!」と連絡先を教えてくれた。立ち話ついでにせっかくなのでエンパナーダの包み方も教えてもらった。

エンパナーダ屋さんに元気をもらい、隣のダルカウエという町まで走ると、良いキャンプ場に巡り合った。テントを張り、洗濯物を干してのんびりしていると、さっきのエンパナーダ屋さんのお姉さんから電話が来て、「今から友達と一緒に迎えに行くから待ってて!」という。

ほどなくしてお姉さんのアンジェが友人とやってきて、教会の隣にあるおしゃれなカフェに連れて行ってくれた。彼女は名古屋のホテルで8年間働いていたことがあり、日本語がペラペラ。一緒にやって来た日本人のユキちゃんは、南米旅行中に今の彼と出会い、そのままここに住み着き、もうすぐ赤ちゃんが産まれるそう。

カフェで話し込んで、気付けば22時過ぎ。「今日でも明日でも、うちに泊まりにおいでよ!」とアンジェが言ってくれるが、うーん。今日はもう遅いしテントも立てちゃったしな。それにこの先のフェリーの日程を考えると明日出発しないと間に合わない。

どうしようかな〜と悩んでいたが、「アンジェのごはんおいしいよ!」というユキちゃんのひと言でその迷いは一瞬にして吹っ飛び、翌日泊まりに行くことにした。

翌日は世界遺産になっているカストロの街並みを見に行った。海辺にせり出したカラフルな家々は、見ているだけで明るい気持ちになる。教会までもカラフルで、黄色の建物に紫色の屋根というファンキーな配色だ。市場で絶品の貝のセビチェを食べてから、アンジェのおうちへ向かった。アンジェはチリ料理のカニの「チュペ」を作ってくれた。見た目も味もグラタンのよう。作り方は簡単で、ホワイトソースの代わりに牛乳に浸したパンを使うのだそうだ。おいしくてたくさん食べた。ユキちゃんの作ってきてくれたプリンもすごくおいしかった。

おいしいごはん、楽しい会話、熱いシャワーにフカフカベッド！　幸せ気分で眠りにつく。

世界一美しい林道

プエルトモンからオイギンスまで南北を走る国道7号線の「アウストラル街道」は、別名「世界一美しい林道」とも呼ばれ、チャリダーにとっては聖地のような場所。わたしも出発前から自転車で走るのを一番楽しみにしていた場所だ。

チロエ島を経由したわたしは、プエルトシスネスという町からスタート。

だいぶ南下し、夏至も近づいて、ずいぶんと日が長くなった。フェリーが着いたのは20時だったが、22時近くなってもまだ明るい。

翌朝、ついにアウストラル街道へと漕ぎ出した。空気がとてつもなくおいしく、あちこちから鳥のさえずりが聞こえる。空、海、川、湖、山。次々と現れる絶景に100mおきに立ち止まって写真を撮りたくなるのでなかなか進まない。

しばらく進むと、道路が工事で閉鎖されていた。工事現場のお姉さんに「15～20分ぐらい待ってね」と言われ、待っていた。

20分後、「20分待ってね」「え……？」

さらに20分後、「あと20分ね」「……」

結局1時間待たされた。

これぞ南米タイム。待っている間、お菓子とジュースをくれたり、いろいろ談笑したりして、なかなか楽しかった。アメリカでも南米でも、自転車に乗っていると、片側通行の場面で工事現場の人と仲良くなることが多い。

アウストラル街道には道沿いの村ごとに地ビールがあると聞いた。それは試さないわけにはいかない。昨日のプエルトシスネスのビールは爽やかなペールエールだったが、ここプユワピにはなんと3種類もある。

川の目の前にテントを張り、夕飯にパスタを作りながら2種類のビールを飲み比べ。

これぞキャンプの醍醐味！とひとりニヤニヤしていると、近くにいたおじさんがやってきて、「ここは深夜になると川の水位が上がって浸水するから移動した方がいいぞ」と言う。

水位はかなり低かったので半信半疑だったが、おじさんを信じて移動。翌朝見たら川岸はすっかり濡れていたので移動してよかった。おじさんは温かいお茶とお菓子とジュースも差し入れてくれた。この国にはいい人しかいないのだろうか。

シンプルライフ

アウストラル街道沿いの町、ラフンタで、自然と調和した暮らしを営むポールさんとこのみさんのお宅を訪ねた(このみさんを紹介してくれたのも東京のコノミさんという女性だった)。

ポールさんは20年以上世界中を歩き回って木を植えてきた人。その知見を活かし、奥さんのこのみさんとともに2007年からここに移り住み、何もない牧草地だったところに1200本もの木を植え、家を建て、池や畑を作ってきた。

ポールさんたちは車を持っていない。都会ならまだしも、田舎暮らしの必須アイテムだと思っていたのでびっくり。でもここは村から徒歩圏内だし、歩いていると知り合いが車で拾ってくれたり、重いものを買った時はトラックを持っている人に運んでもらったり、町の道具屋さんが無料で送迎してくれたりするから、特に困らないのだそうだ。

家の窓からは美しい山並みが見渡せる。家を建てる時に、まずこの向きに大きな窓を作ることを決めたそう。だから家は小さくても景色は壮大。

家の周囲3mにわたって地中にビニールシートが埋められている。こうすることで雨を受けないので、地中が年を追うごとに(水の蒸発で熱を失うことなく)乾き、熱を蓄えて行く。床板にはすき間が空いていて、冬の寒い日には地熱が上がってくるという仕組み。昨年は、外気温マイナス5度の時も室内は12度だったそう。アースバッグ(土嚢袋)を積み上げて作った分厚い壁も断熱効果が高く、薪ストーブを焚けばすぐに部屋が暖まるし、逆に夏の暑い日でも部屋の中は涼しいという。

屋根に降った雨は床下に埋められたシートをつたって池へと流れ込む、見えない雨樋の役割も果たしているのだ。食器洗いや洗面は雨水で、飲料水は川から汲んできた水を使っている。

敷地内には大小合わせて19の池があり、貴重な雨水を集めている。渇水時の水供給源としてはもちろん、生き物の住処としても重要で、この辺りでは見られなくなっていたカエル、ハチ、トンボ、ツバメなどがここ数年で戻ってきて、年々増えている。そしてここから山へと広がっていくので、この場所が地域全体を豊かにしているというのだ。特にカエルは蚊を食べてくれるので大切にされている。

アナログのいいところ

はじめは周囲からクレイジーと思われていたポールさんたちだが、ここ数年の激しい気候変動をきっかけに、行政も住民も危機感を高め、渇水対策としてポールさんたちの家を見学に来る人たちが増えた。昨年は半年近くほとんど雨が降らず、川が干上がり、深刻な水不足に悩まされたそうだが、ポールさんたちは困らなかった。

「お偉い政府関係者や建築家などの専門家までもが視察に来て、〝穴を掘ってビニールを敷き雨乞いをするだけ〟というあまりのシンプルさに驚いて帰っていくんだ」とポールさんは笑う。


草刈りは全て鎌を使って手で刈る。わたしも少しお手伝いさせてもらったが、数時間かけて進んだのはわずか。これだけ広大な敷地を鎌一本で刈るのはさぞかし大変だろう。聞けば、機械も使ったことがあったが、誤って木を切ってしまってからはやめたという。

「手で刈ると、その土地の地形や細かいことによく気がつくんだよ。それにカエルだって逃げる時間があるだろう。みんな早く目的地にたどり着こうとするけど、その〝過程〟の方が大事なんだよ」


おふたりは真冬のパタゴニアを500㎞にわたり、土地を探して歩き回ったという。週に1本しかバスがないため、何日も足止めを食らったこともあったそう。

なぜわざわざ冬に土地を探したのかと聞くと、「たまたまそのタイミングに来たからだよ。でも結果的に冬に探してよかった。雪がどの程度積もるのか、陽当たりはどんな具合なのかがよくわかる。夏に来て素敵な場所でも、冬は全く日が当たらないかもしれない。だから他の人にも冬に土地探しをすることをおすすめするよ」。

靴も、足がむくむ夕方に買ったほうがいいのと一緒で、一番厳しい状態を知ることで、あとから「こんなはずじゃなかった」となることを回避できるというのだ。

「ここ数年でアウストラル街道は変わった」と話すおふたり。

引っ越して来た2007年当時は、まだ道も狭くて未舗装だったため、主な交通手段は馬。スーパーの前にはいつも、買い物客の馬が停まっていた。しかし2、3年前に道が舗装されてからは、道路工事でお金に余裕が出たことも手伝って、車を持つ人が一気に増えたそうだ。道路状況がよくなったことによって、急ぐ必要もないのにスピードを出す車も増え、それまで見られなかったロードキル（野生動物の事故死）が多発しているよう。

アウストラル街道はあと数年のうちに全面舗装路になる。舗装路はたしかに走りやすいが、それと引き換えに失うものもあるのだ。

チャリダー天国

南米に入ってからほとんどチャリダーを見かけなかったが、アウストラル街道では毎日10人近くのチャリダーと出会った。

フランス、スロベニア、コロンビア、スペインなど、国籍も年齢もさまざま。20〜30代が多かったが、アメリカ人のゲリーはなんと74歳！　年齢を聞いてまずびっくり、さらに驚いたのは、「俺

ARGENTINA

①アルデア・ルナ農場の仲間たち
②採れたて野菜たっぷりのごはんは見た目も味もピカイチ
③チリからアルゼンチンへ標高4300ｍの国境越え
④赤い奇岩が並ぶ国道68号線
⑤ヒッチハイクがきっかけで食事やパーティにお呼ばれ
⑥振り返ると色とりどりの山々が
⑦かっこいいベテラン夫婦、ダークとリーに先導してもらう
⑧魚のアラを虎視眈々と狙うペリカン軍団

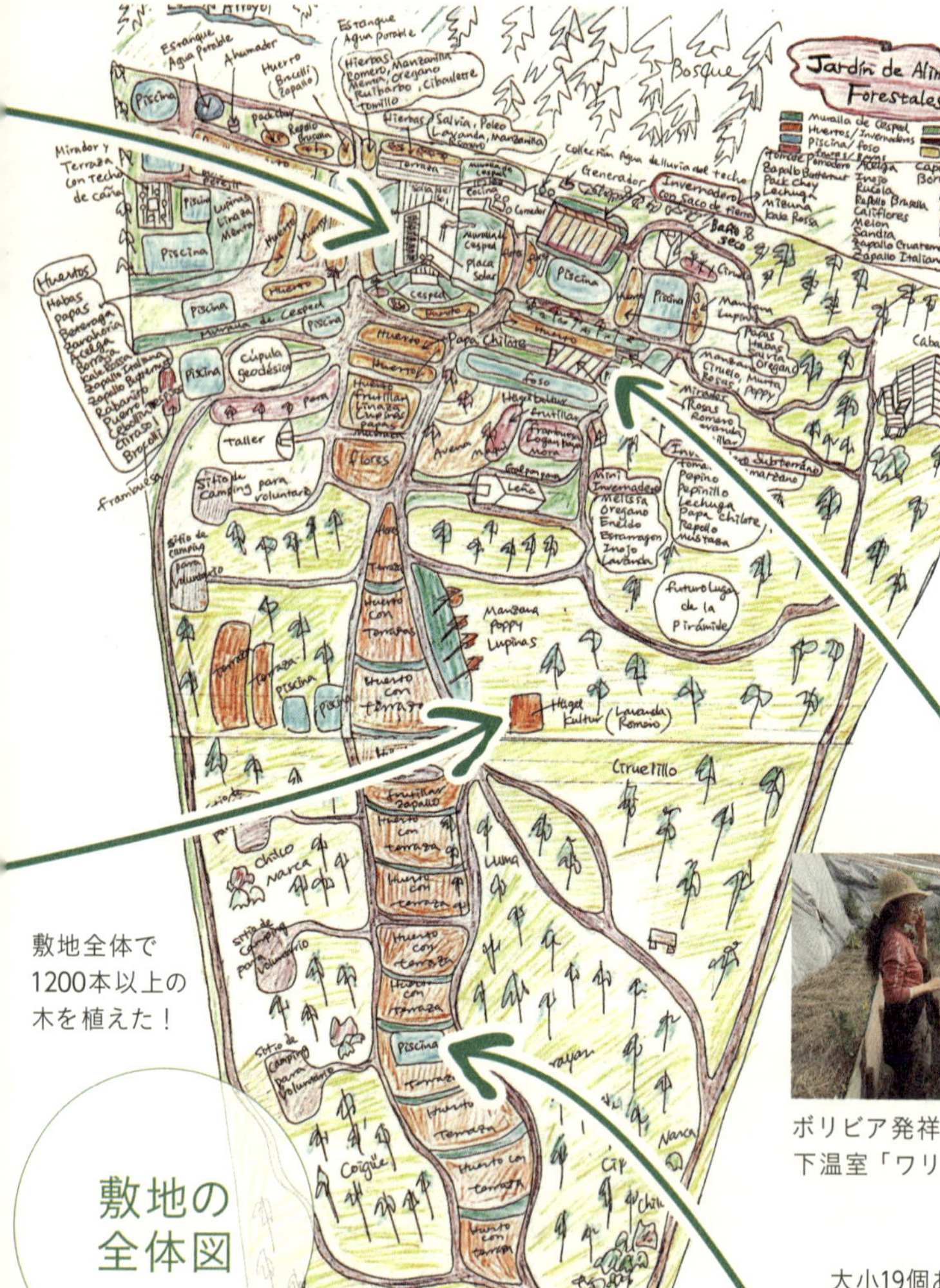

敷地全体で
1200本以上の
木を植えた！

敷地の全体図

ボリビア発祥の半地
下温室「ワリピニ」

大小19個ある
池のおかげで
生物相が豊かに！

ファーム設立から10年以上たち、
野菜もほぼ自給できるようになったそう！

〈イラスト・菊池木乃実〉

Paul & Konomi's House

@Patagonia, Chile

パッシブ蓄熱システム

家の下にビニールシートを敷き、
土の中を乾燥させて温める仕組み

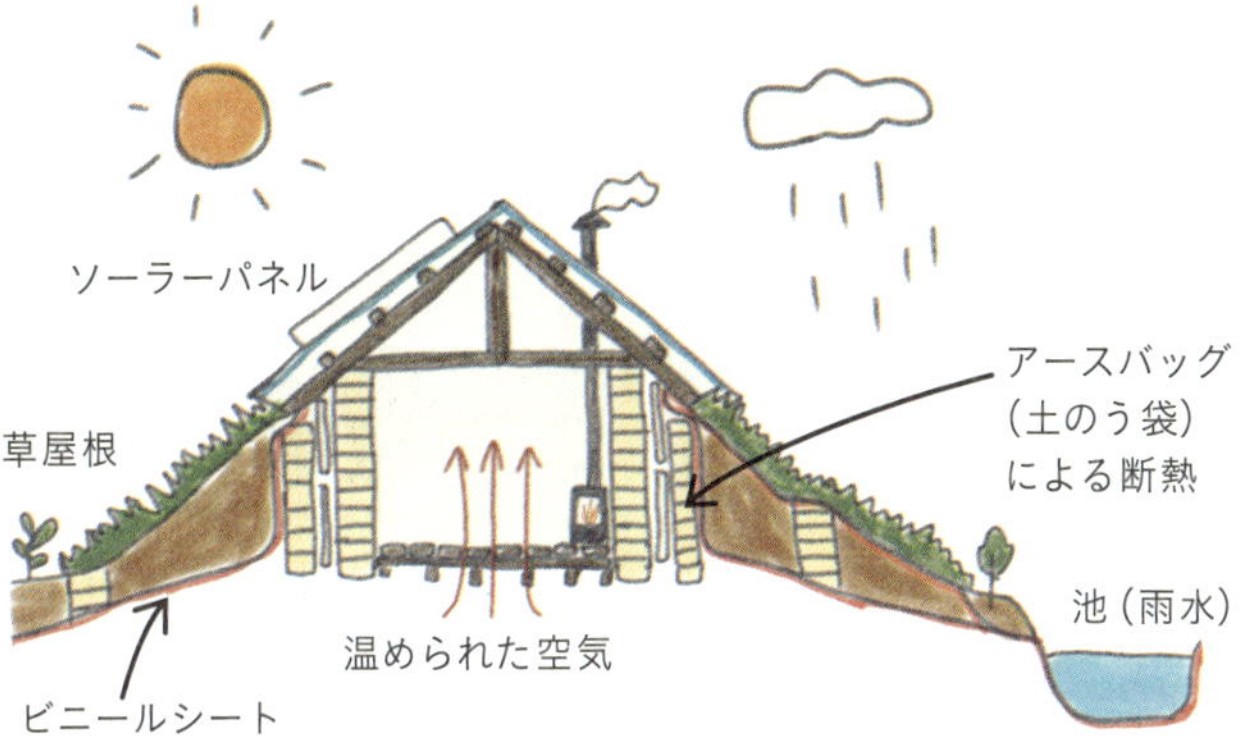

フーゲルカルチャー

森林を模して丸太や枝葉に土をかぶせ、
その上に植物を植える。菌糸や微生物の力で
徐々に分解されることで長期的な養分源になる。
スポンジ状になった木は保水力が高く、
水やりも少なくてすむ。

チロエ島原産のカラフルなジャガイモや、
ボリジ、ナスタチウムなどのエディブル
フラワーで食卓が華やかに！

ポールさんとこのみさん

PATAGONIA

①水辺に建つチロエ島のカラフルな家々
②湖の色を反射して青く輝くマーブルカテドラル
③これから始まる過酷な国境越えに期待と不安が膨らむ
④生還後のクリスマスパーティー（わたし以外全員カップル）
⑤チャリダーが泊まれることで有名なパン屋さん
⑥芋、貝、ウィンナーなどがゴロゴロ入った名物の「クラント」
⑦ガリガリ君みたいな色の氷河を臨むまなちゃん
⑧富士山のようなラニン山をバックに南米大陸ラストラン

のひざは新しいひざなんだ。自転車とおそろいのチタニウム製だぜ」と人工関節が入った写真を見せてくれたこと。

「医者にリハビリに自転車がいいと言われてね、それで来たのさ。おかげですごく調子が良くてね。もう一本足があったらそれも手術したいぐらいだよ」

言うこともやることもぶっ飛んでいる。


パタゴニアの風は強く、ほとんどの場合、北や西から吹くため、多くのチャリダーはわたしと同じく南下していた。

とはいえ、道がまっすぐということはまずない。追い風で心地よく走っていたのに、カーブを曲がったとたんに横風や向かい風で、進むことすらままならないということも多々ある。

これまでアメリカで2回スポークが折れたことを除き、トラブルとは無縁で生きてきた相棒のジミーくんだが、パタゴニアはそんなに甘くなかった。

アウストラル街道はすでに半分ぐらい舗装されたとはいえ、残りの半分はジャリジャリのダート道。これまで天候に恵まれ、半年で3回しか雨に降られなかったが、パタゴニアでは数日に一回は雨に降られ、ウナギのようにつるんつるんになったタイヤでは太刀打ちできず、何度も滑って転倒した。サンティアゴにいるうちにタイヤを交換しておけばよかった。

はじめてのパンク

アウストラル街道の中では最も大きなコジャイケという町の自転車屋に入ったが、予想通り品揃えは少なく、比較的ダートを走れそうなタイヤを選んだ。メンドーサで買った水漏れテントも買い替えて、さあこれで準備は万端！

次の町までは90㎞のダート道。昼食を食べ、残り50㎞。この調子なら今日中に着けそうだ、と思った矢先……

パーン！

と音がしたかと思うと後輪がぺちゃんこに。一瞬何が起きたのかわからなかった。ジミーくんと共に走って7年、記念すべき初めてのパンクだ。

ぎこちない手つきでパンク修理をしていたら、ゲリーが追いついて手伝ってくれた。

「どうにかして町までたどり着いて祝杯をあげよう！」

街道に沿って次々と現れる、ミントグリーンの川やエメラルドグリーンの湖。世界中の青や緑を集めてきたのではないかと思うほど、ひとつひとつ色が違う。

なんという色だ！　背後の岩山はほのかに雪を残し、新緑の木々に鮮やかなピンクや紫のルピナスがよく映え、まるでパステル画のよう。

出発から11時間。ようやくトランキーロの町に到着した。ゲリーもさすがに疲れたようで、この日はコテージに泊まることにした。寝室2つにプライベートのバストイレとキッチン、そして暖炉、なんという贅沢。ドイツ人カップルも合流し、暖炉のぬくぬくした部屋でビールとワインを飲む。文明社会バンザイ！

釣りがしたい

翌日は絶景ポイントのマーブル・カテドラル（湖にできた青い洞窟）を観光し、色とりどりの川や湖をいくつも越えて、最高の野宿スポットを発見した。川の目の前、木陰の下。おそらく幾人もの旅人がここでキャンプをしてきたのだろう、石が積まれた焚き火スペースまであった。

釣りが得意だというゲリーにフライフィッシングを教えてもらった。だが超初心者のわたしにはなかなかハードルが高い。町に出て釣り竿を探すが売っているようなところはなく、とぼとぼと歩いていたら、釣り竿とルアーを貸してくれるという心優しい青年に出会った。喜び勇んでいざ釣りを始めようとすると、ハンドルがない。持っていた工具で代用していたがうまくいかず、せっかく調達したルアーも引っ掛けてなくしてしまった。

つくづくわたしは釣りに縁がないのだなと絶望していたところに現れた救世主、フランス人のバイク乗り・ウーゴ。持っていたルアーを貸してくれ、さらに見事な手つきで約60㎝のマスを釣り上げた！　これほど大きな獲物は彼もはじめてだそうで大喜び。

「ひとりじゃ食べきれないから、みんなで食べよう!」

我々もご相伴に預かった。身はふわふわ、味もしっかり、とってもおいしかった。次こそは必ず魚捕るぞ!とわたしの狩猟本能にも火が点いた。

翌日、もう少しゆっくりするというゲリーを残し、再びひとりで走り出す。

朝から川沿いのアップダウン。

そして、晴れたと思ってカッパを脱いだ途端に土砂降り。慌てて着ると今度は晴れるという、わたし以上に気まぐれなパタゴニアの天気。1時間の間に晴れと雨と風が入れ替わる。

コクランでようやく釣竿を手に入れる。ここから約250㎞先のオイギンスまではアウストラル街道の中でも特に雨が多く、ここを濡れずに抜けられるチャリダーはほぼいないという。

そんな中、この日だけは晴れ予報だとみんな早く出発したのに、わたしは早速出遅れて10時。町を出ようとすると、今度は羊の群れに行く手を阻まれ、なかなか前に進めない。

アップダウンが続く道を抜け、ここから先はようやくダウンヒルだぜ!と思った矢先にまたもやパンク。これで3度目。パンク修理をしていたら夕方になってしまった。

そこからダートの道に迷い込み、疲れ果てたので、氷河が一望できる牧場の一角に忍び込んでテントを張って寝た。

トラブルつづきのジミーくん

明け方、テントに打ち付ける激しい雨で目が覚めてそのまま寝付けず、びしょ濡れのテントをたたんで薄暗い道を引き返す。途中から道は平坦になったものの、雨はどんどん強くなり、気付けば靴の中はプールのようにチャプチャプになっていた。

しばらく走っていると、また後輪がパンク。雨の中のパンク修理に手間取り、すっかり身体が冷え切って震えていると、通りかかった車が温かいお茶とお昼ご飯の残りを分けてくれた。

またしばらく走り、何やら変な音がすると思っていたら、今度は前輪のブレーキが取れた。

えぇっ！　取れた⁉　そんなことってあるの⁉

仕方ないので、しばらく後輪ブレーキだけで走っていたが、こちらも雨で濡れているせいかあまり効かず、下り坂が怖くてたまらない。

わたしから下り坂を取ったら何が残るのか、というほど下り坂好きのわたしにはショッキングな事態だ。上っても大変、下っても大変。あまりに疲れたのでヒッチハイクをしようと思ったが、こんな時に限ってぜんぜん車が通らない。

諦めてしばらく走っていたら、一台の車が。すかさず手を上げて、トルテルまで乗せていただくことができた。ずぶ濡れのわたしを拾ってくれて、心底ありがたい……。

トルテルに着くと、宿の前に何台か自転車を発見。数日前に会ったアルゼンチン人の老夫婦と、スロベニア人カップルのエリックとマニアだった。

幸い空室があったので早速熱いシャワー浴び、暖炉の前で濡れた服や靴を乾かせてもらう。

雨が上がったのでエリックとマニアを誘って散歩に出る。

トルテルは木の町。家だけでなく、木でできた遊歩道が町中に張り巡らされていて、おとぎ話の世界に入り込んだようだ。これだけ雨の多い地域に、なぜこんなにも滑りやすい木道を作ったのかは謎だが、湖には霧が立ち込め、他の町とは違う幻想的な雰囲気が漂う。階段も多く足腰が鍛えられそう。

しかしあまりに辺鄙なところにあるせいか、何もかもが高い。スーパーには新鮮な野菜はなく、萎びた玉ねぎと腐りかかったジャガイモが数個あるだけ。

ここで暮らすのは大変そうだ。

宿に戻ると、エリックがわたしのブレーキをガムテープで応急処置してくれた。熱烈なガムテープ信者である彼の座右の銘は「ガムテープはなんでも直す!」その言葉通り、おかげでブレーキはなんとか使える状態になった。まあ、いささか不安であることは否めないけれども。

屋根があること、壁があること、おいしいごはん、ふかふかのベッド、そして愉快な仲間たち。ひとりでチャリに乗っていると、こんな当たり前のことがありがたい。

ブレーキがない

翌朝ブレーキの点検をすると、やっぱり前も後ろも調子が良くない。あれこれいじってみたけど良くならず、他のチャリダー達に助けを求めたが、結局だめ。

みんなが9時過ぎに出発する中、わたしはまたもや遅れて10時に。

今日はトルテルから40㎞ちょっと先のフェリー乗り場まで行き、対岸まで渡る予定。

前半20㎞は平坦だが、後半20㎞は大きな峠を越えねばならない。キツイ坂を上りきったところで、いよいよブレーキが効かなくなり、ブレーキパッドを交換した。

しばらく進むと今度は前輪がパンク。そうこうしているうちに雨脚は強まる。昨日チューブを補修し忘れたために予備がなく、パッチを貼って修理しようとしたが、雨で濡れてうまく貼れない。

諦めて自転車を押す。フェリー乗り場まで残り8㎞。

最終のフェリーまであと2時間。間に合うかしら。

せっかくの大好物の下り坂なのに乗れず、荷物満載のヘビー級チャリは下り坂では押すというよりも転がらないように抑えるのが大変。おまけに前後ともにブレーキも効かないため、両足でブレーキをかけながら、ズザザザーッと引きずられるようにして進む。傾斜もカーブもきつく、何度かガードレールに激突しそうになり、「ギャー!! 止まってー!! 止まれー!!」と奇声を発しながら下った。

せっかく乾かした服も靴も汗だか雨だかわからないけどびしょびしょ。

暴走パンクチャリを抑えるのに疲れ果て、おまけにフェリーの時間に間に合わないかと焦ったわたしは、とうとうそのチャリに乗ってしまった。

これがいかに危険な行為だったか、この後、身をもって知ることになる。

坂を下っていると、ぐわんぐわんと一回転ごとにタイヤの振れ幅は大きくなっていき、ついにはホイールから外れてしまったのだ!

「ギャー!! 死ぬーーー!!」

叫びながらも、どうにか止まってくれた。

ホイールが壊れなくて本当によかった。死に物狂いで坂を下りきり、フェリー乗り場にたどり着いた頃には精根尽き果てていた。

やさしいフェリー

どうにか18時の最終フェリーに間に合ったが、びしょ濡れになった身体はじっとしているととても寒く、客室のないフェリーの上でブルブル震えていた。

そんなわたしを見かねてか、フェリーの船員さんたちはとてもやさしくしてくれた。「ここだと寒いだろ。中においで！」と乗務員室に招き入れ、温かいお茶を出してくれた。「お腹はすいているかい？」とシチューとパンを食べさせてくれ、お土産にフルーツまで持たせてくれた。ホッとしたわたしは、今日一日のトラブル続きの出来事を話すと、「俺達に任せろ！　お前はここで休んどけ！」　と今度は3人がかりでブレーキの修理にとりかかってくれた。

結果的にブレーキは悪化したのだが、もうその気持ちがただただ嬉しくて、心底ありがたくて、フェリーから降りる頃にはわたしの冷え切った心と体はぽっかぽかになっていた。

対岸の待合室に着くと自転車が5台。雨風しのげる場所は限られているため、ここの待合室は貴重な野宿ポイントなのだ。先のフェリーで着いていたみんなが出迎えてくれた。

「おお！　マヤが来たぞ！」「よかった！　間に合ったんだな！」「なかなか降りてこないから間に合わなかったのかと思ったわよ！」

すみません、中でごはん食べてました、テヘ、とは言えなかった。

わたしのパンクした自転車を見るなり男性陣は腕まくりをし、ピットインしたF1のレーシングカーよろしく、手際よくホイールを外し、穴だらけのチューブやブレーキを直してくれた。

「俺たち、暇で暇で仕方なかったんだよ！　やっと仕事ができたぜ！」

ついていないと思っていたこんな日ですら、こうしてみんなに助けられてわたしは今日も生きている。本当にありがとう。

「それにしてもこのチューブ、寒いでも寒いでも漏れてくるぞ？　どうなってんだ？」

結局チューブには11個の穴が空いていた。

よい子はパンクしたチャリに乗ってはダメ、ゼッタイ。

坂の下の虹

翌日みんなを見送ってからも、わたしは自転車と格闘していた。もうリタイアかと思ったけど、いろいろいじってみたら奇跡的になんとか乗れる状態に復活。行けるところまで行ってみよう。

自転車に乗れるっていうだけで、こんなに嬉しいなんて。


はじめの15kmは比較的平坦で、そこから峠が3つ。

その2つ目の峠の下りで、またもや後輪がパンク。修理していると、また雨が激しくなってきた。

さて今日はどこに泊まろうかと思っていると、橋を発見。橋の下でキャンプしようかと考えたが、のぞいてみると地面が湿っていそうなので、もう少し先へ進むことにした。

激しい坂を上っているうちに雨が強くなってきて、あーやっぱりさっきのところにすればよかったと後悔。するとそのうち雨も上がり、坂を下ると湖と氷河が見え、さらには虹まで出てきた。

あまりの美しさに涙がこぼれた。ここ数日の壮絶な出来事がすべて報われた気がした。

さらに数キロ先に進むと、家の隣に納屋のようなものがある。そこでキャンプさせてもらうことにした。しばらくするとスイス人チャリダーもやってきた。

彼は逆方向から来たので、いろいろと情報交換。どうやらオイギンスのフェリーは悪天候でよく運休になるらしく、彼は対岸の湖で一週間も待ったようだ。国境越えのルート上は連日の雨で川が増水し、膝までの深さを4つ5つ越えないといけないともいう。

非常に不安だ。そもそもフェリーが来るのか。

夜からまた一段と雨が強くなった。かなりの雨漏りとはいえ、屋根があるのはありがたい。

雨は山の上では雪だったようで、翌朝見ると山の中腹あたりまで真っ白になっていた。

オイギンスまで残り50㎞、パンクしないように慎重に走る。

オイギンスのホステルに到着すると、なんと20人近いチャリダー。一度にこんなにたくさんのチャリダーに会うのははじめて。ほとんどが北に向かうようで、フェリーが一週間来なかったのでたくさん人が溜まったらしい。はじめて日本人のチャリダー・カズさんにも会った。カズさんから聞いた話でも、どうやら国境越えは相当過酷なようだ。

世界一美しくて過酷な国境越え

アウストラル街道の終着点オイギンスから再びアルゼンチンへ抜ける道は、「世界一美しくて過酷な国境越え」と言われている。車道はないので徒歩か自転車か馬でしか通れない。

この難関を制した者だけに許された特権、それはパタゴニア社のロゴマークにもなっている名峰フィッツ・ロイを「裏から」見られること。過去のチャリダーのブログや北に向かう人たちの情報から、かなり厳しい道のりになることは覚悟していた。

1日目は風が強くて運休になったが、翌日の便は出港するというので、フェリー会社でチケットを購入。オイギンスから国境を越えるには、2つの湖を渡らなければいけない。チリ側のサン・マルティン湖は所要時間3時間で約6000円、アルゼンチン側のデシエルト湖は1時間で約4000円。ビンボーチャリダーにはなかなか痛い出費である。世界一美しくて過酷、かつ高額な国境越えの幕開けだ。

ターコイズグリーンの湖を切り裂きながら、自転車とチャリダーを乗せたフェリーは進む。太陽が出てくると水面がキラキラと光り、水は一層透明感のあるブルーになった。背後には切り立った山々が雪をまとっている。ああこれが噂の「美しい」の部分なんだな。

「この国境越えは厳しい闘いになる。みんなで協力して乗り切ろう！」

エリックが言う。ひとり者のわたしには非常にありがたい。メンバーはマニアとエリック、アメリカ人のトレサとサンティアゴ、コロンビア人のエネイダとスペイン人のラファ、そしてわたしの7人。

わたし以外全員カップルだ。

チリ側イミグレまでは約2㎞。なかなかキツイ坂だけど、男性陣が先回りして自分の自転車と荷物を置いてから、女性陣の自転車を押すのを手伝ってくれた。

アルゼンチンとの国境で遅めの昼食を取り、国境を越えるとすぐにひどい道になる。幅が人ひとりギリギリ通れるぐらいまで狭くなり、連日の雨のせいか、道が川のようになっている。

後半はさらにひどくなり、膝上まである川や、自転車のサイドバッグをつけたままでは通れないほど狭い道など、道とも認めたくないぐらいの悪路続きで、思わず笑ってしまった。

「アルゼンチンはよっぽどチャリダーに恨みがあるんだろうね」とサンティアゴが言う。

ここでもやはりジミーくんのブレーキが効かないのはかなりの痛手。道からあえて外れたり、茂みの中に突っ込んだりして、その都度やっと暴走を止める。早くブレーキを直したい。

そしてついに、デシエルト湖と裏フィッツ・ロイが目の前に現れた。

ああ、絶景かな!

今夜は湖のほとりでキャンプ。大変だったけど、孤独と闘い続けた宝石の道と較べたら、こんなのは序の口だ。何より仲間の存在の大きさを感じた。荷物を運ぶのを手伝ってくれたり、後ろから押してくれたり、ひとりじゃなくてみんなで乗り越えている、というのが精神的に大きかった。仲間ってすごい。

大きな山場を越えた、とこの時は思っていた。

忘れられないクリスマスイブ

コクランで釣り竿を入手してからというもの、どうしても釣りがしたかった。誰よりも早起きして荷物をまとめ、湖へ出た。しかし雨が強くなってくるわ、糸はからまるわ、やっぱり釣りには縁がない……と諦めかけたその時、ググッと引きがある。

「うおお、なんかかかった⁉」

なんと40㎝のニジマス！

1日2便しかないフェリーが来たので急いで内臓をぬいて袋に入れ、サイドバックに放り込み、フェリーに乗った。

フェリーで対岸に着き、そこから37㎞先のエルチャルテンの町を目指す。未舗装だが、今までの道に比べれば平らで断然走りやすいので、ここからはまたみんなばらばらになった。

薄水色の川や壁のように立ちはだかる山を横目に2㎞ぐらい進んだと思う。

そこから先の記憶がない。

目が覚めると、マニアとエリックがわたしの顔を覗き込んでいる。後ろにはエネイダとラファもいる。あれ？　この人たちどこかで会ったような……でも誰だっけ？　一緒に過酷な国境越えをしてきた仲間たちの顔を、わたしは認識できなかった。

「あれ？　ここはどこ？　わたし、なにしてるの？」

「オイギンスからエルチャルテンに向かっている途中よ。自転車に乗っていて転んだみたい。血が少し出ているけど大丈夫よ」と、マニアがいう。

「エルチャルテン……チャルテン……じてんしゃ……？」「エルチャルテンで友達と会うんでしょ！」とエネイダ。「ともだち……？」

みんなが口々に声をかけてくれるが、何ひとつピンとこない。

通りがかった車をみんなが止めてくれて、わたしと自転車を積んでもらう。エネイダはわたしに付き添って一緒に車に乗ってくれた。

そうか。わたし自転車で走ってたんだ。徐々に記憶が戻る。車窓を流れる美しい山々。エネイダもここを彼と走りたかったろうに。「本当にごめんね」と、何度も謝るわたしに、「大丈夫よ、心配しないで」とやさしく微笑んでくれる。

エルチャルテンの診療所まで運んでくれた家族にお礼を言い、レントゲンを撮られる。エネイダがすべて手続きをしてくれた。

はじめての救急車

「レントゲンでは異常はないけど、頭を打っているから念のために精密検査をしたほうがいいね。でもここにはその設備がないから、220㎞先のエルカラファテまで行かないといけない。他に移動手段がないので救急車で行きましょう」と医者が言う。

「に、にひゃくにじゅっきろ⁉」

こうして人生初の救急車に乗ることになった。

点滴を打たれ、担架にのせられて救急車へ。エネイダも心配だからと付き添ってくれた。せっかくのクリスマスイブなのに本当に申し訳ない。これまで病院や入院とは無縁で生きてきたわたしにとって、それはドラマや映画の世界だった。車内の天井からハサミがぶら下がっていて怖かった。ふと、大事なことを思い出す。

「あっ！　さかな‼」

バッグに入れたままの魚。やっと釣れた魚。みんなで食べようと思っていた魚。どうしよう。誰か気付いてくれるといいけど。自分の頭より魚が気になる。

3時間後、到着したエルカラファテの病院は驚くほどきれいで、ほぼ待たされることもなくCTを撮られる。「特に問題はないけど、念のため一晩様子を見たほうがいいね」と医者は言う。しかし寝かされたベッドには布団すらなくマットレスのみ。泊まるにもエネイダはベッドすらない。慌てて出てきたので食べ物も着替えもない。買い出しをするにも、最寄りの店はここから数キロ離れている。「どうしよう……」

エネイダと顔を見合わせていたところ、別の医者がやってきた。

「担当代わりました。あ、もう帰っていいよ」と新しい医者。

え！　そんな軽い感じ？

戸惑いつつも、このまま布団も食料もない環境で耐えるよりはいいだろうと病院を脱出した。

220㎞の救急車もCTも一体いくら請求されるのかドキドキしていたけど、すべてタダだった。アルゼンチン太っ腹。ところで、帰っていいよって言われたけど、どうやって帰ればいいんだ？帰りは救急車に乗せてくれないのだろうか。

すでに21時、エルチャルテンに戻るバスはとっくに行ってしまった。ヒッチハイクを試みたけど、1時間ほど粘っても車はほとんど通らなかった。クリスマスイブの夜に220㎞も移動する人はサンタさん以外いないらしい。

仕方ないので4㎞先のエルカラファテの町で宿を探すことにした。町に向かって歩いているとやさしいおじさんが乗せてくれた。「あなたがサンタさんでしたか！　ありがとう！」

そう告げるとサンタさんはニコリと微笑んだ。サンタさんは宿を見つけるのも付き合ってくれた。泊まるところができてホッとひと安心。

疲れたけどお腹も空いたし、何か食べようかと町に出るが、イブなのでことごとく店が閉まっている。24時間営業と書かれたコンビニすら閉まっている。

ああ、うらめしきイブ！

途方に暮れて宿に戻り、何かないだろうかとカバンの中を漁っていると、ジップロックに入った米まみれのiPhoneを発見した。実は連日の雨でわたしのiPhoneは水没していたのだが、「米の中に入れておくと水を吸ってくれて復活する」と聞き、やってみたのだった。恐る恐る電源を入れると……リンゴマークが付いた。

「やった！　復活した!!」と喜ぶわたしに、エネイダが冷静に一言。

「そのお米食べられるんじゃない？」

なるほどその手があったか！　iPhoneだけでなく我々も助けてくれるなんて、グッジョブ！　米！　早速キッチンでお米を炊き始める。だが、おかずがない。塩すらない。

青年サンタさんがくれた仔羊の丸焼き

クリスマスなのに白ごはんか……と半ば諦めかけていたところ、

「これ余ったんだけど食べる？」

どこからともなく現れた青年サンタクロース。手に持っていたのは、大きなバットにこんもり盛られた骨付き肉。パタゴニア名物・仔羊の丸焼き。クリスマスと正月に食べるごちそうだ。大喜びでいただく。

「メリークリスマス！」

エネイダと乾杯し、イブの夜は過ぎていった。

クリスマスプレゼント

翌朝、バスターミナルに行ったものの、やはり日曜日でクリスマスなので、バスの本数が少ないらしい。次のバスは午後だというので再びヒッチハイクを試みた。

30分経ったところで、なんとバスが捕まった。エルチャルテンまでの回送便らしい。なぜ回送便があるのか、バスをヒッチハイクしていいのか、疑問はつきないが、運転手のおじさんはとてもやさしく、我々にマテ茶までふるまってくれた。

3時間後にエルチャルテンに到着し、みんなが泊まっているコテージへ。ラファに「せっかくのクリスマスイブだったのにごめんね」と言うと、「そんなこと気にするな。君が無事でいてくれたことが何よりだよ」と言ってくれた。思わず泣きそうになった。

アウストラル街道事件MAP

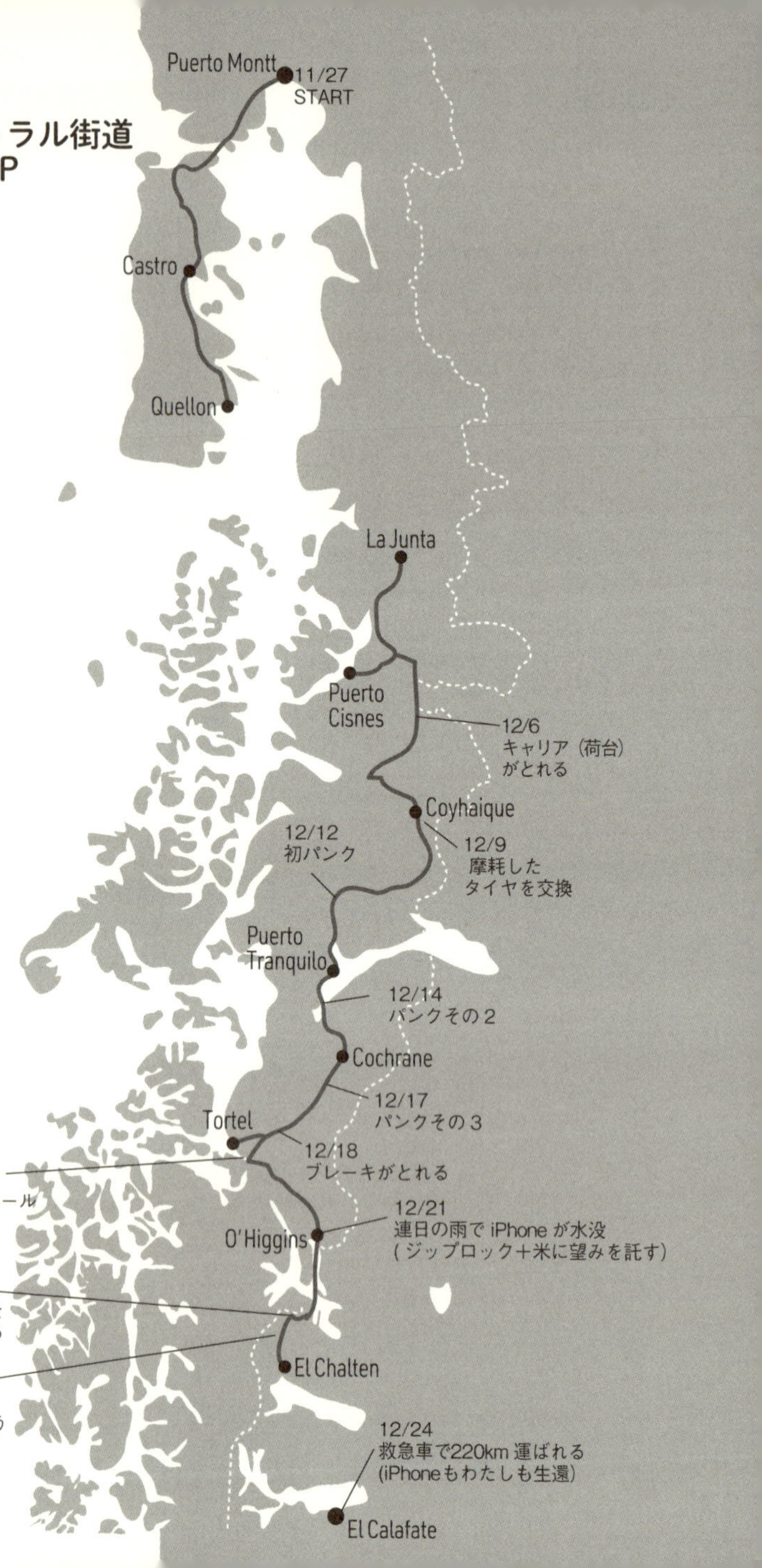

気になっていた魚は、ラファがちゃんと冷蔵庫にしまっておいてくれたおかげで無事だった。つくづくできる男だ。

さて、今日はクリスマス。

一緒に過酷な国境を越えたチャリダー仲間にスコットランド人のチャリダーカップルも加わり、みんなでクリスマスパーティーをしようということになった。わたし以外全員カップルという悲しい現実には目をつむりたい。各々腕によりをかけ、メインからデザートまで、なかなか豪華な食卓になった。わたしの釣った魚ももちろん並んだ。チャリダー9人は恐ろしいほどよく食べ、よく飲む。山のようなごちそうはあっという間にみんなの胃袋に吸い込まれた。

トレサとサンティアゴはここで旅を終えてアメリカに帰るからと、ヘルメットをくれた。

「クリスマスプレゼントだよ。もう転ばないようにね」とトレサ。

わたしのヘルメットはもう割れて使い物にならなくなってしまったのでありがたい。

もしヘルメットをしていなかったら、もしあのままあそこで誰にも発見されず行き倒れていたら、今わたしはここにはいないだろう。つくづくわたしはラッキーだ。こうして今日も生きていて、最高の仲間と最高のクリスマスを迎えられたことが、最大のクリスマスプレゼント。

一生忘れられないクリスマスになった。

氷河の味

日本から高校時代の友人、まなちゃんが来てくれた。

クリスマスも正月も空の上で過ごす過酷なスケジュールなのに。「本当にいいの?」と何度も聞いたが、「こんな機会でもないと行けないから!」と56時間かけて飛んで来てくれた。

あさちゃん、ひろちゃんに続き、3人もの友人がわたしの旅に合流してくれる。みんな1週間しか休みがない中、片道2日間もかけて地球の反対側まできてくれるフットワークの軽さ。そんなクレイジーな友人を持つわたしは幸せ者だ。

「はい、新しいサドルだよ〜」

酷使しすぎてスポンジがむき出しになり、すっかり吸水性が高くなったわたしのサドル1号。ガムテープでぐるぐる巻きにされたサドルをFacebookの投稿で見たアメリカのアレトン一家が、「オーマイガー! これで新しいサドルを買いなさい!」とわざわざ送金してくれたのだ。そんな経緯でネットで買ったサドルの届け先は、まなちゃんの家にした。そのサドル2号に加え、お正月に備えてお餅や海苔を運んできてくれた、まなちゃんサンタ。

宿にチェックインしてごはんを食べしばらく寛ぎ、日の出に染まる「赤フィッツ・ロイ」を見に行こう!ということになった。いったん仮眠を取って、2時40分に出発。ヘッドライトの明かりを頼りに真っ暗な道を歩く。後から来たおじさんも日本人だったが、他には誰もいない。「日の出信仰」は日本人だけなのだろうか。

2時間半ほど歩き、最後の急な斜面にたどり着いた時点でもう日が昇りそう。「急げ〜!」焦って1時間かかる上りを30分で駆け上がったのに、一番赤く染まる時間はちょうど急斜面の裏にいて、何も見えなかった。あとで聞いたら、どのみちてっぺんは雲がかかっていて見えなかったそうだ。頂上付近はめちゃくちゃ風が強い。はじめは我々の他にも何人かいたのに、ワインで晩酌ならぬ朝酌をしているうちに、誰もいなくなっていた。

湖をいくつか経由して、余力があればトーレ湖まで行こうかと思ったが、さすがに12時間以上歩いて疲れた。天気もよくなかったので、宿に戻ることにした。まなちゃんは途中で足を挫いてしまったようで、歩くのが辛そう。町に着いてジェラートを食べ、エンパナーダを食べ、さらにはアルゼンチンビーフのステーキを焼いて食べた。


翌日、フィッツ・ロイに後ろ髪を引かれながらバスに乗り込む。

途中で、なっていたカラファテの実を摘みまくる。

地名にもなっているこの実は「食べるとまたパタゴニアに戻ってくる」という言い伝えがあるそうだ。だから我々もきっと戻ってくるのだろう。

3時間ほどでエルカラファテに到着。2日前に救急車で運ばれてきた町だ。

翌朝、ヒッチハイクでペリトモレノ氷河へ。親切なアメリカ人カップルが拾ってくれ、氷河の6㎞手前の港まで連れて行ってくれた。ここから氷河のビューポイントまで歩くことにした。だんだんと氷河が近づいてくる。途中で寄ったレストランの窓から目をやると、遠くに見えたと思っていた氷河がいきなり目の前にドデーンと現れてびっくり。せっかくなので氷河を眺めながら、優雅にカラファテリキュールの氷河ロックを飲む。ガリガリ君みたいなソーダ色の氷河は幅5㎞、高さ70ｍあるらしい。迫力の大崩壊シーンは見られなかったけど、小さい塊が落ちるだけでも「ゴゴゴゴゴ」と雷みたいな音がした。地球はたしかに生きている。

年越しの味

海外で年を越すのは、大人になってからはじめてかもしれない。まなちゃんを見送り、再びひとりになった。日本人宿に泊まって日本人らしいお正月を迎えようかとも思ったけど、せっかくなら、パタゴニア流のニューイヤーも見てみたい。

大晦日。泊まっていたキャンプ場のオーナーが、朝から何やらおいしそうなものを仕込んでいる。ジャガイモを練り込んだ生地でひき肉を包んで揚げている。わたしが物欲しげな目で眺めていると、やさしいオーナーは揚げたてをひとつくれた。アツアツをハフハフしながらいただくと、もっちりとした生地の食感とひき肉の旨味が口いっぱいに広がる。

「ムイリコ！」（めちゃくちゃおいしい！）とわたしがいうと、オーナーはニッコリと微笑み、「これはパパジーナと言ってね、年が明ける0時頃に食べるのよ」と教えてくれた。

キャンプ場にはたくさんのフランス人サイクリストがいた。ここでもやはりみんなカップルで、ひとり者のわたしを哀れんでか、「今夜はBBQをするから一緒に食べよう！」と誘ってくれた。フランス語が飛び交う中、わたしももう少しフランス語が話せたらよかったなあと思ったが、これだけ毎日触れているスペイン語ですらまだまだあやふやなわたしには、なかなかハードルが高いのだ。

夕飯後は街へ繰り出す。夏至が近いとあってもうすぐ日付が変わる、そして年が変わるというのに、まだほんのり明るくて不思議な気分。

それだけ南に来たんだなあと実感する。

大晦日の街は驚くほど閑散としていて、ほとんどの店が閉まっていた。どうやら年末年始は家で過ごすものらしい。空いている数少ないお店の中は観光客で溢れていた。ビールを飲みながら過ごしているうちに、ついにカウントダウン。年越しの瞬間は花火が上がった。

Feliz año Nuevo!!（あけましておめでとう！）と叫びながら、見ず知らずの人達と乾杯する。日本は今ごろ元旦の昼。みんなお雑煮を食べ終えたことだろう。

キャンプ場に戻るとオーナーの家族が集まって飲んでいた。「一杯どうだ？」と誘ってくれる。

眠かったけど、食べ物の誘いは断らないと決めているわたし。おいしいごはんをいただき、すっかり酒がまわり、そのまま幸せ気分で眠りについた。

翌朝は起きると、とうに日は昇っていた。「一年の計は元旦にあり」。幸先のよいスタートだ。

今日出発か、明日にするか、迷いながらキッチンに行くと、そこには仔羊が。今夜はパタゴニア名物の仔羊の丸焼きをするそうだ。クリスマスイブにエネイダと食べたばかりだが、焼くところから見るまたとないチャンス、この瞬間に今日出発する案は消滅した。

準備の様子を覗かせてもらう。「キの字」状の鉄の棒に仔羊をくくりつけて地面に突き刺し、炭火で4〜5時間かけてじっくり焼く。

待っている間にオーナーの息子さんと仲良くなり、折り紙や書き初めをしたり、アルゼンチン流のワインの飲み方「赤ワインのファンタオレンジ割り」を教えてもらったりした。

裏返して反対側も焼く。時折塩水をかけたり、根元に炭をおいて焼きムラを調整したりしていた。

14時すぎに焼き始め、19時頃にようやく出来上がる。脂がのって柔らかく、本当に羊?と驚くほど臭みがない。丸焼きをするのはクリスマスと正月の年に2回だけだという。

そばもおせちもお雑煮もないけれど、たまにはこんな年越しもいいものだ。

4〜5時間かけて炭火でじっくり火を通す仔羊の丸焼き

グアナコ狩り御一行

プエルトナタレスまで、フランス人カップルのナンスとアリックスにお供させてもらうことにした。はじめの20㎞ぐらいは平らな舗装路で走りやすい、と思っていたら、またパンクした。どうやら前回の修理が甘かったみたい。ふたりに先に行ってもらい、お昼に合流した。

午後からは、ひたすら上りが10㎞以上続く。

どんどん置いていかれるわたし。風も強くなってきて、終いには1㎝ぐらいの雹が降ってきた。

「イタイイタイ！　やめて！」と叫びながら走る。

本日の目的地である工事現場詰所にたどり着くと、すでに3人のチャリダーが。テントを張るのもままならないほどの暴風をしのげると聞きつけたチャリダーが集まってくるのだ。

みんな南に向かっているそう。明日は65㎞の未舗装路。風がいい向きに吹いてくれるといいのだけど、望みは薄そうだ。

風が強くなる前に出ようと7時半に出発。

はじめの30㎞はひたすら平らでまっすぐなパンパ（木も生えない不毛の地）で、風もなく退屈。下り坂で石とリム打ちしてまたパンクした。連日のパンクのおかげでだいぶ経験値が上がったとはいえ、わたしはいつもパンク修理に30分ぐらいかかる。ナンスは手際よく15分ぐらいで直してくれた。お昼を食べようと立ち寄った34㎞地点の農場のガウチョさんたちがとても親切で、キッチン付きの小屋を使わせてくれた。

そこから後半30㎞がもう本当にキツかった。風はどんどん強くなり、坂も増え、大きな石もゴロゴロしていてなかなか進まない。アリックスはだんだん不機嫌になっていく。

今日の目的地は未舗装路の終わり、タピ・アイケにあるチャリダーが泊まれるAGVPという施設。途中ですれ違った車にあと何キロかと尋ねると、2本指を立てて「ドス」と言ったのであと2㎞か！と喜んだのも束の間、2㎞を過ぎても何もなく、後々ドスでなくドセ（＝12）だったと気付く。ややこしいったらありゃしない。

最後の10㎞がめちゃくちゃキツかったけど、やっとの思いでたどり着いた。係の人たちがとっても親切で、シャワーとキッチンを使わせてくれた。

「ここでキャンプしていいよ」と場所を案内してくれたのだが、あまりに疲れていたので「この床に寝かせてもらえませんかね?」と聞くと、「ここは併設の警察署だからダメだけど隣に聞いてみるよ」と言い、隣の建物の部屋のベッドを使わせてもらえることになった。

まさに寝ようとすると、「よかったら夕飯もどうだ?」。もう夕飯は食べたし歯磨きもしたし、まさに夢の中に入り込む瞬間だったけど、食べ物のお誘いを断ったらバチが当たる。2回目の夕飯もペロリと1・5人前ほど完食。大変美味でございました。

聞けば、いただいたチキンはさっきまで庭を元気に駆け回っていたものらしい。台所には魚もたくさんあり、それも目の前の川で釣ってきたのだとか。明日はグアナコ（リャマやアルパカに似た野生動物）狩りに行くという。最寄りのスーパーまでは220kmあるので、必然的にそうなるのだろう。

お腹いっぱい、幸せ気分で眠りにつく。

翌朝起きると、なんと朝食まで用意してくれていた。ここは一体どこのホテルですか。

朝から風が強く、宿の風速計は秒速32mを指していた。しかも南西の風。そしてわたしたちが向かうのも南西。つまり思いっきり向かい風である。

グアナコ狩り御一行も出発した。

すぐに、一緒について行かせてもらえばよかったと死ぬほど後悔したけど、あとの祭りだった。今までのわたしなら間違いなくご一緒していただろう。自転車を漕ぐのに必死すぎて、そんなこと考えもしなかった。狩猟アンテナをもっと張っていかないと。グアナコはどんな味なのかな？リャマやアルパカと同じような感じかな？　ああ、食べてみたかったなあ……

変わった宿

向かい風は案の定ひどくて、舗装路にも関わらず時速10kmぐらいしか出ない。風除けになりそうな土管の側でお昼を食べる。今日は再び国境を越えてチリに入る。チリ側のイミグレは厳しいので、持っている野菜やフルーツなどをすべて食べ尽くす。食べきれなかったニンニクとチーズだけポケットに隠した。

他人と行動をともにしていると、人によって自転車旅のスタイルが全く違うのが面白い。お昼ごはんひとつをとっても、走りながら補給する人、インスタントラーメンのような簡単なもので済ませる人、そしてガッツリ料理をする人などそれぞれ違う。

アリックスとナンスは常にサラダ、メイン、そしてコーヒーとデザートまで1〜2時間かけて昼食をとっていた。フランス人は昼食に2時間かけるという噂は本当だったんだなあ。それにしても、旅先でもそのスタイルを崩さないとはすごいや、といたく感心してしまう。

町に着いてスーパーで買い出しをし、泊まる場所を探していると、なんと消防署に泊めてもらえることになった。「南米では消防署に泊めてもらえる」という噂を以前から何人ものチャリダーから聞いていて、一度は泊まってみたいと思っていたが、ついに念願叶った。

「キッチンもトイレもマットも、自由に使っていいからね！」と消防士のおじさんが言う。みんなどこまでも親切だ。きっと過酷な環境下で助け合いの精神が根付いているのだろう。

わたしの相棒・ジミーくんは満身創痍。

取れてしまったフロントブレーキとリアキャリアのダボ穴は溶接しないといけないし、スタンドとペダルも新調せねばならない。

プエルトナタレスの町に着き、ペルーで会ったアメリカ人チャリダー・マットと再会し、彼が通訳に入ってくれたおかげで、町工場でどうにか溶接してもらうことができた。なかなか調整がうまく行かなかったブレーキも、ホイールの歪み取りもマットが直してくれた。

傷心とともに

もうすぐ南米最南端。そのまままっすぐ帰国しようか、どうしようか？

いや、まだやり残したことがある。

帰国前にアメリカに戻ろうと思い、ジェフに連絡を取った。

そう、ジェフといえばわたしがポートランドで恋に落ちた人。あの時は旅を始めて間もなかったから、これから南米を周ったらまた戻ってこようと密かに思っていた。彼は新しい土地を見つけて、仲間と一緒に農場を始めたらしい。

「ひさしぶり。今度アメリカに戻ることになったから、ジェフにも会いに行きたいな」

「おお、ぜひおいでよ。いつでも大歓迎だよ。ちなみに僕は最近僕のハートをキャッチした人と出会って、彼女ととても多くの時間を過ごしているよ。今度一緒にハワイに行くんだ」

……こうしてわたしのアメリカ永住計画は崩れ去った。さよならアメリカ、さよならジェフ。

ショックでその後数日間、何も手につかず、グダグダと過ごしたことは言うまでもない。周りがカップルだらけなのでなおさらさみしくなる。ひとりでいる時よりも、人と一緒にいるほうが孤独を感じてしまう。そして、じっとしているとますます滅入ってくる。

でも、いつまでもグダグダしているわけにもいかない。ここから先は南米大陸最南端、「世界の果て」に向かって、孤独とさみしさと闘いながらひとりペダルを漕ぐことにしよう。

暴風の島

プンタアレーナスからフエゴ島のポルベニールまでフェリーで渡る。

日曜だったためか、すごい人でチケットの購入に1時間並んだ。フェリーに乗り込んでからも満席で座れず、寝る気満々だったのだけど、ゴミ箱の横に座り込んだ。

2時間後、フエゴ島に到着。

かつてこの地で暮らしていた先住民、ウルトラマンのような風貌のセルクナム族の像がお出迎え。彼らは南極に近い極寒のこの島でも、常に裸に油を塗って生活していたという。裸のほうが火に当たった時にすぐに温まるからという理由らしい。だが彼らもまた、スペイン人によって滅ぼされてしまった。現代も生きていたらどんな様子だったのだろう。

風が強いので、近くの民家にお願いして庭にテントを張らせてもらう。

深夜からものすごい風。テントが左右に揺れる。家や木に囲まれて比較的風除けがあるこの環境ですらこれなのだから、外は一体いかほどの風なのだろう。


結局朝になっても風は収まらず、意を決して出発！

うおーーー！　すげーーー！　これが噂のパタゴニアの風ですか！

背中を押され、ペダルを漕がなくても時速30㎞近く出る。

しかしわたしのチャリンコはデコボコ道では必ずパンクするので、あまりスピードを出さないように、かつ後輪に負担をなるべくかけないように常に立ったままで、大きい石を避けて慎重に走っていた。

それなのに、それなのに……またパンクした。

でもまあ、もしかしたら空気抜けただけじゃないのかな～？と、都合のいい解釈をして空気を入れようとした瞬間、パキーン！とバルブの先端が折れ、プシューーーッと悲しい音がした。これでスペアのチューブはなくなり、残りライフ0となったわたし。そして最後のチューブと交換しようと力バンを開けた瞬間、ブォーーと中身が次々と吹っ飛ばされていく。

立っているのもしんどいほどの風。土管を見つけてその中に隠れながらチューブ交換。もうパンクしませんように！と祈りながらなんとか避難小屋に駆け込み、この日はもう一歩たりとも動くまいと心に決めた。

夕方、アメリカ人ふたり組がやってくると、狭くて暗い小屋の中が一気に賑やかになった。彼らはウシュアイアからスタートしたばかりのフレッシュマン！　だが、常に向かい風を受ける北上ルートは南下するよりもさらに大変そうだ。

仲間のやさしさ

翌日になると、風はだいぶ収まっていた。道もゆるやかだ。

途中でヨニとティビという韓国人夫婦と出会った。彼らはシアトルから1年半かけて、ここまで走ってきたという。

100㎞ほど走った先にある小さな村の警察署で、どこか泊まれる場所はないかと尋ねると、「向かいのガレージに泊まっていいよ」とのこと。ガレージに着くと先客あり！と思いきや、クリスマスをエルチャルテンで共に過ごしたスコットランド人カップル、アンドレアとスティーブだった。

ご飯を作っていたら鍋をひっくり返してしまい、半分を地面に食べられてしまった。そんな哀れなわたしを見て、隣でキャンプしていたヨニとティビが、仏の心でわたしを招いてごはんをシェアしてくれた。彼らのやさしさと、久しぶりのアジアの味に泣きそうになった。

翌朝は風を避けるため8時前に出発。アンドレアとスティーブにお供させてもらうことにした。明るく陽気なアンドレアと話しながら走るのはとても楽しかった。

彼女たちが道中お世話になったおじさんから教えてもらったというパタゴニアの表現が面白い。

「〝エンパナーダが欲しいか?〟というのは〝ゲンコツ食らわせるぞ〟っていう意味なのよ。ほら、エンパナーダってゲンコツの形に似ているでしょ?」

「あと〝パンパ〟っていうのは〝退屈〟っていう意味で使うみたいよ」

パンパというのはアルゼンチンの北部から続く木も生えないだだっ広い平原で、我々チャリダーにとっては最もつまらない景観なのだが、地元の人もパンパが退屈だと思っているのが、なんだかおかしかった。

人と走るのはひとりで走るのとまったく違う発見や楽しさがある。どちらも違ってどちらも好きだ。

チャリダーだらけのパン屋さん

昼前に小さな村に着き、昼食を食べる。ここから2つのルートがあり、そのまま高速を走るか、迂回してダートを海沿いに走るか。

海沿いの道はペンギンが見られるかもしれないという。結論を先送りしたまま分岐点へ着くと、ダート方向から激しい向い風。スティーブは行きたそうだったけど、わたしとアンドレアは迷わず高速を選んだ。ペンギンは見てみたいけど、パンク祭り必須のダートも、向かい風も、もうこりごりだ。

94㎞地点にガソリンスタンドがあり、水を補給しようとしたのだが誰もいない。道向かいの農場のおじさんに頼んで水をもらった。なまりが強くて、何を言っているのかほとんど聞き取れなかったが、どうやら「ここにテントを張っていいよ」と言ってくれているようだ。

ご好意に甘えることにしたが、案内されたのはデコボコの地面で、傍らには死んだ犬が横たわっている。思わずスティーブと顔を見合わせた。その後おじさんが死んだ犬を回収していったのだが、拾い上げて一輪車に「ボフッ」と積み込む様子がなんとも滑稽だった。かわいそうな犬……。

そこに別のお兄さんがやってきて、なんとベッドとストーブがある部屋を空けてくれた。しかも部屋に入った直後に、見計らったように土砂降りの雨。間一髪、つくづくラッキーだ。

あとから来たヨニとティビ、そして北上しているという日本人の男の子をアンドレアがレスキューし、チャリダー6人でお世話になった。

翌日走り始めてしばらくすると、荷台の様子がおかしいことに気付いた。

見ると、ネジの頭がねじ切れていた。ネジを交換してしばらく走っていると、また様子がおかしい。今度は反対側のダボ穴（自転車のフレームについているネジを固定する穴）が取れていた。本当に呪われているのではないかと思うほどトラブル続きの毎日。

次の町まで15㎞、ごまかしつつどうにか走る。

トルヒンという町には、チャリダーを泊めてくれることで有名な、神がかったパン屋さんがある。噂を聞きつけて世界中から集ったチャリダーが、この日は20名以上も泊まっていた。

常に行列ができる人気のパン屋さんだけあって、ここのエンパナーダは今まで食べた中でも確実に三指に入るぐらいおいしい。宿舎の壁には、歴代のチャリダーたちの痕跡があり、わたしもちゃっかり自分のサインを残してきた。名だたるチャリダーたちと肩を並べたようで嬉しくなる。

世界の果てへ

ウシュアイアまで残り100㎞。

アンドレアとスティーブに加えて、フランス人のマウドも加わり4人で出発。彼女はわたしが出会った数少ない女ソロチャリダーのひとりで、わたしと同じような時期に出発して、同じようなルートをたどってきたという。今まで出会わなかったことも、このタイミングで出会ったことも不思議だ。

午後イチで峠越え。

峠と聞いて身構えていたが、たいしたことなくて拍子抜けした。アンデスの高地の峠を越えてきた我々にとって、こんなのは朝飯前。これまでの退屈なパンパからガラッと景色が変わり、美しい山々や湖が見渡せる。

ウシュアイアまで32㎞地点の川沿いで最後のキャンプをし、翌日は朝から激しい向かい風に煽られながら走る。ウシュアイアに近づくにつれ、この8ヶ月の想い出を走馬灯のように振り返っていた。

バンクーバーに降り立った日は、まだ荷物の積み方もよくわからず、何もないところで3回も転けたこと。

アメリカで20年ぶりに友人やホストファミリーと再会したこと。

はじめて南米に着いた時は、デコボコ道とクレイジーな車にめちゃくちゃビビっていたこと。

空気の薄い標高4000~5000mの峠、360度見渡す限り真っ白なウユニ塩湖、孤独で過酷な砂漠、延々と続く退屈なパンパ、暴風のアンデス越え、アウストラル街道のパンク祭り、地獄の国境越え、救急車で運ばれたクリスマスイブ。汗と涙と雨とホコリにまみれながら走った日々。

いろいろあったけど、それ以上にたくさんの人に助けられて、ここまで来ることができた。そして大切な仲間が世界中にできた。

困った時に家に泊めてくれた人、車に乗せてくれた人、ごはんを食べさせてくれた人、おこづかいをくれた人、家族のように迎え入れてくれた人、遠くからでもわたしの旅をいつも見守り、応援してくれる人たち、毎日欠かさず陰膳をしてくれている母、誰よりも心配してくれている父や家族。

これだけ多くの人々のおかげで、わたしは今日も元気に走っている。自分ひとりの旅ではないのだ。


カーブを曲がると……、そこにはUSHUAIAの文字！

Fin del Mundo　世界の果て。

世界最南端の「都市」ウシュアイアについにたどり着いたのだ。


本来は最南端のこの町がゴール。わたし以外の3人もみなここで旅を終える。

だがわたしの気持ちは、どうにも不完全燃焼だった。

治安の不安から行くのを躊躇っていた中米だが、会う人会う人に勧められて、行きそびれたことが心残りだった。今こそ足を踏み入れたくなった。

よし、キューバとメキシコに行こう。

世界最南端の都市、
ウシュアイア！

ヒッチバイク始めました

世界の果てまで来てしまったわけで、一番安いチリ・サンティアゴ発キューバ行きの便に乗るためには、2週間あまりで3000km北のサンティアゴまで移動しなければならない。途中でバスを使うことにして、行きそびれていたパタゴニア北部の湖水地方を走ることにした。

想像通り、北上するのは南下するよりも数倍大変だった。相変わらずの暴風の中、漕ぐのを諦めて道端で途方に暮れているところに、1台の車が止まってくれた。

普通の乗用車だったので、ダメ元で聞いてみたら、わざわざ荷物を移動してスペースを作ってくれた。サンドイッチやマテ茶までふるまってもらった上に、「俺たちもリオガジェゴスまで行くからそこまで乗せてってあげるよ」と言う。

1日の間でアルゼンチン↓チリ↓アルゼンチンという面倒な国境越え。パスポートには無駄にアルゼンチンとチリのハンコが増えていく。間にフェリーもはさむので、とても時間がかかる道のりだったが、乗せてくれたゴメス一家のおかげで21時前にリオガジェゴスに到着。ガソリンスタンドの駐車場でテントを設営していると、なんと夕飯まで用意してくれて感激した。

翌日バスターミナルへ行き、バリローチェまでの値段を聞くと、自転車込みで2500ペソ

（1万8千円）もすると聞いて、空いた口がふさがらなかった。飛行機より高いですやん。

とりあえず落ち着こうと、となりのスーパーで買い出しをしているうちに、「もったいないからやっぱり走ろう！」という気になった。

しかし、走り出したら案の定、向かい風がすごくて、開始5秒で「やっぱりやめようかしら」と思った意思の弱いわたし。とりあえず行けるところまで行って、ヒッチハイクならぬヒッチバイクをしてみよう、と思いながらしばらく走っていた。ほどなくして毎週日曜日に一緒に走っているというサイクリスト集団と遭遇。わたしも途中まで一緒に走ることになった。

20kmほど走ったところに警察のチェックポイント。「すべての車はここで停まらないといけないから、もしヒッチするならここがいいよ」と教えてもらい、彼らと別れてヒッチバイク開始。だが2時間粘っても捕まらない。諦めて街まで引き返すことにした。

これから何日もこれを繰り返すぐらいなら、あのバスは安かったのかもしれない。

お金というのは手間と時間を省くために存在しているのだ。

エンドリケのエンパナーダ

敗北感の中、トボトボと走っていると後ろからまたひとりのサイクリストが。先ほどの集団の仲間らしく、町まで一緒に走った。

町に着くと「何か困っていることはないか？ 泊まるところはあるのか？ 自転車の調子はどうだ？」とやたらと気にかけてくれる。そのまま別れるのも偲びなく、おうちにお邪魔させてもらうことになった。

彼の名前はエンドリケ。料理好きらしく、野菜たっぷりのおいしいお昼を振舞ってくれた。彼は自分でハーブを育てたり、パンを焼いたりしていて、自家製ハーブティーもおいしかった。「娘のところでホームパーティーがあるから、これからエンパナーダを作るよ」というので手伝わせてもらうことにした。南米中で見られるエンパナーダは、どこのスーパーでも餃子のように皮を売っている。オーブンで焼くタイプと揚げるタイプがあり、具もさまざま。この日は肉、コーン、野菜の3種類。中身がわかるように具ごとに包み方を変える。

翌日はエンドリケの職場へ向かいがてら、街を案内してもらった。ブエノスアイレスにつながる3号線は1980年代頃まで未舗装だったため、全ての物資はブエノスからここリオガジェゴスまで船で運ばれ、各地へと輸送されていたそう。石炭工場もここにあったんだとか。

エンドリケの職場である博物館に着くと、同僚の女性たちから質問攻めにあった。「どうしてこの旅をしようと思ったの？」「なんでひとりなの？」「怖くないの？」「どこが一番よかった？」どれもよく聞かれる質問なのに、未だに答えを見つけられない自分がいる。

夜、エンドリケに見送られてバスターミナルへ。バスは高級なだけあってファーストクラスばりの160度リクライニングシート。途中でピザパンとパスタとパンという炭水化物だらけの食事も出た。大音量で流れる映画を見たり、キューバに向かう気運を高めようとヘミングウェイを読んだりしているうちに、いつのまにか眠りに落ちていた。

おいしい朝ごはん

目が覚めると目的地であるエル・ボルソンに到着。17時に着くはずが20時過ぎになったが、ここは南米アルゼンチン。これくらいは誤差の範囲なので仕方ない。24時間におよぶ自分史上最長のバス旅だったが、寝ているだけで目的地に着くなんて。

バスを降り、後輪を着けようとしたらチェーンが絡まってしまい、手間取っているうちに暗くなってきた。慌ててキャンプ場を探す。

見つけたキャンプ場のオーナーは気さくで、彼自身も世界中をチャリ、バイク、徒歩、ヒッチ、馬などさまざまな手段で旅してきたという。シェフでもある彼の作ってくれたステーキと、コーンミール、炒め玉ねぎ、卵、牛乳、チーズを混ぜてオーブンで焼いた「ソパ・パラグアイ」というパラグアイ料理がとてもおいしかった。

キャンプ場の他の客たちも面白く、深夜まで話しこんだ結果、翌朝起きたら8時前。先日チロエ島で買った新しいテントには陽が差し込まないからか寝坊してしまう。

「うちは朝ごはんがおすすめだよ」と言っていたオーナーは、なぜか最後まで寝ていて、他の宿泊客が朝食の準備をしてくれて、フルーツが足りないと買い出しにまで行ってくれた。オーナーは「朝ごはんおいしかったでしょ?」とドヤ顔で聞いてきた。あんた寝てたやん、と思ったけどたしかによかったのでゆるす。

カナダ人のヘイコと話しているうち、ここから10㎞あまり北にあるパーマカルチャー・センターへ一緒に行くことになった。わたしも北に向かうのでちょうどいい。自転車を持っていない彼は街でレンタルしてから向かう。

ヘイコは植物に詳しく、歩きながら「これが食べられる」「これは〜に効く」と教えてくれた。そういう人にとても憧れるが、記憶力の悪いわたしは覚えたそばから忘れていく。実に残念な脳みそである。

ワクワクする建物

CIDEP(パーマカルチャー研究開発教育センター)の敷地には、たくさんのカラフルなナチュラルビルディング(自然素材の建物)が建ち並び、一気にテンションが上がる。「オラ!」と声をかけると、中から人が出てきて案内してくれた。

彼の名はニコラス。仲間とともにここを運営している。

夏の間はボランティアやコースの受講生で溢れているらしいが、この日はちょうどコースが終わったばかりで、彼以外の人は見当たらなかった。

たくさんのナチュラルビルディングはそれぞれ、わらのブロックを積み上げたストローベイル、わらに泥をまぶしたスリップストロー、土とわらを混ぜたコブ、プラスチックゴミ利用など、ひとつひとつ違う断熱材を試したり、粘土と砂の比率や、ナチュラルペインティングの種類を変えたりと、常に試行錯誤しながら最善の方法を模索しているという。

「今まで試した中で何が一番よかったですか?」と聞くと、建物の向きによって違うという。

日当たりの良い北側の壁はコブ+空き瓶を利用したボトルウォール(ただしガラスを入れすぎると冷えやすいので少なめに)。逆に南側はストローベイルで断熱し、窓をつけないことによって熱が逃げるのを防ぐそうだ。ひとつの建物に対して、向きによって異なる技法を使い分けるというのが、わたしには目から鱗だった。

ボランティアが作ったという、ステンドグラスや丸太を埋め込んだデザインも素敵。「ひとりひとり違う特技を持っているから多様なデザインができるんだ」とニコラス。

アルデア・ルナでもそうだったけれど、こういう活動は理念や理想だけでなく、ワクワクさせる何かがそこにあることが大事なんだと改めて思う。

最後に、水を引いているという沢を案内してもらうと、底まで見えるほど水が澄んでいて、うっとりするほど美しかった。

ヘイコと別れて、ダートを15㎞ぐらい上る途中でまたもやパンク。以前、教えてもらった「タイヤとチューブの間に使わなくなったチューブを挟む」という裏ワザを試してみた。これでもうパンクしないといいのだけど。

エル・ボルソンから40㎞地点の川の側でキャンプ。かわいい野良犬が2匹やってきて、わたしのそばで眠り始めた。

バンブー・チャリダー

ウシュアイアから1700㎞北上してきたので暑い。一気にビールがうまい季節になった。

湖の側でテントを設営し、ごはんを作って食べているところに、ブラジル人カップルがやってきた。彼女の方はなんと自作の竹フレームの自転車に乗っている。ふたりは3年間旅をした後、ブラジルにパーマカルチャー・コミュニティを作って、竹フレームの自転車も広めたいそうだ。興味の対象が似ていて、夜遅くまで話が盛り上がった。

翌日、昼前にパタゴニア北部湖水地方の村ラ・アンゴストゥーラに着く。ここからロス・アンデスまでの116kmは「シエテ・ラゴス」という7つの湖を通るルート。

ここもアウストラル街道なみのチャリダー率。ベルギー人、ブエノスから来たカップル、ブエノス3人組、そしてコルドバ3人組など、この日だけで20人ぐらいのチャリダーに会った。

シエテ・ラゴスのルートは短いし舗装もされていて、かつ美しい。アウストラル街道よりもだいぶお手軽にパタゴニアを楽しめた。わたしの残念なタイヤは未舗装路ではパンク祭りになるので、どんなに景色が美しかろうが、楽しむ余裕なんてなくなってしまうのだ。

ロス・アンデスに到着し、おいしいジェラートを頬張りながらケータイを充電しつつ、のんびりしていたら夕方になってしまった。明日までに180km先にあるプコンという町に着かないといけない。

というのも、数日前にネットで見つけたナチュラルビルディングの建築家、ダニエラに興味を持ち、連絡をして家造りを手伝うことになったからだ。

数日後にはサンティアゴからキューバに飛ぶので、ダニエラの家があるプコンからサンティアゴまでは、バスを使うことにした。つまり、プコンまでが南米大陸ラストランとなる。

途中までヒッチしようかとも思ったが、「えーい！　最後ぐらい自力で行かなくてどうする！行ってしまえ！」という気になった。

そこからは火が点いたように漕ぎ始めた。

20㎞先のフニンという町でビールを買い、さらに20㎞北の川で野宿した。110㎞走ったあとに、川と夕日を見ながら飲むビールは最高で、南米大陸最後の野宿にふさわしい締めくくりであった。

南米大陸ラストラン

目的地のダニエラの家まで残り140㎞。その間に峠も国境越えもある。

気合いを入れて5時半に目覚ましをセットしたのに、起きたら7時半。慌てて飛び起きて8時過ぎに出発。

はじめの35㎞はゆるやかな上りで、ラニン山がきれいに見えてとても気持ちが良い。

標高3747mで、形もどことなく富士山に似ている。この調子なら昼には国境に着くかな～と思っていたが甘かった。国立公園に入った瞬間からとてつもない悪路。時折降りて押さないと進まないぐらい砂が深い。

アルゼンチン側の国境に着いたのは13時過ぎ。

チリ側の入国でさらに時間がかかり、結局14時半になってしまった。プコンまであと80㎞。夕暮れまでに間に合うかしらと思っていたが、その先は急な下りであっという間に40㎞進んだ。

クラレウエのカフェに入り、タルトとイチゴジュースで休憩。その後も、おいしそうなものの誘惑はあったが、負けることなくプコンの町に着いたのは20時前。

そこからダニエラの家までの道が分からず、調べようとWi-Fiを求めて辿り着いたレストランで、空腹に耐えきれずにビールとチリ料理で以前おすすめされたパステル・デ・チョクロという料理を頼んでしまった。気付けばみるみるうちに暗くなっていく。

ラスト2㎞のダートは本当にキツかった。押してもずり下がるほど急な道で、登山靴に履き替え、自転車を持ち上げながら、やっとこさ進む。滝のように汗を流しながら目的地に着く頃には、月明かりに照らされたビジャリカ火山が美しく光っていた。

それから3日間、ダニエラの家の土壁や草屋根づくりを手伝いながら、いつかこんな家を自分でも手がけてみたいと思った。

南米ラストの走行距離は140㎞。今まで1日120㎞以上走ったことはないし、途中で峠も国境もあるから正直無理かと思っていた。でも、最後ぐらい限界突破しないと! そう覚悟を決めてからは、ただひたすらペダルを回した。

ダートや深砂が現れると、砂の中を延々押し続けた宝石の道や、トラブル続きのアウストラル街道を思い出した。あれに比べればなんてことはない。今までの経験が背中を押してくれた。

さまざまな試練を与えてくれた南米大陸を後にして、常夏の島へ向かう。

USA
TO USA
TO JAPAN
2/14, 3/1, 3/6
La Havana
2/23
Remedios
3/5
Viñales
CUBA
2/20
Trinidad
2/16
Baracoa
2/18
Santiago de Cuba
5/1
Cancun
4/20
Tulum
FROM CHILE
JAMAICA
BELIZE
GUATEMALA
HONDURAS
EL SALVADOR
NICARAGUA
COSTA RICA

エピソード

4

キューバ
メキシコ

編

常夏の国キューバへ

北米から南米に飛んだ時も異空間にワープしたような感覚を覚えたが、キューバはタイムスリップしたような感覚だ。クラシックカーや馬車が走り回り、音楽とお酒と踊りが溢れる街。イメージしていた通りの光景に胸が高鳴る。

首都ハバナで先輩チャリダーのかすみちゃんと合流。

彼女は以前にアフリカ大陸をひとりで走ったことのあるツワモノ。旅に出る前から相談にのってもらっていて、わたしが使っているバッグもかすみちゃんに譲ってもらったものだ。彼女が2度目のアフリカ縦断に出るというので、その前にふたりとも行ってみたかったキューバを一緒に走ることになった。

キューバでは、観光客は国の認可を受けた「カサ」という民泊の宿に泊まることになっている。宿にチェックインして荷物を置き、街を散歩しているとおいしそうなパンを発見。しかし大きいお金しかなくて買えなかった。

ここキューバは二重通貨制という特殊なシステムで、外国人が使うクック（CUC）と、キューバ人の使うモネダ（MN、CUPともいう）がある。

先輩チャリダー
かすみちゃんと合流

1クック（＝1ドル）は24モネダ。社会主義国キューバの国民の平均月収は未だに20〜30ドルなので、観光客との格差を埋めるための仕組みらしい。

宿代や入場料、ツアー、レストランなどはクックを使うが、パンやピザなどの軽食は観光客でもモネダ払い、つまりキューバ人と同じ価格で買うことができる。クックしか持っていなかったわたしたちは、お金があっても物が買えないという悲しい状況だったが、その後に入った小さな食堂でモネダに換えてもらい、無事に食事にありつけた。

キューバの食堂では肉や魚のメイン料理に、コングリという豆ご飯、サラダ、そしてバナナかサツマイモのチップス、というのが一般的なようだ。

しばらく歩いていると、ふたり組の男性に話しかけられる。

「ねえ、君たちどこから来たの？　今近くでお祭りやってるから俺達と一緒に行こうぜ！」

どうやらキューバの男は軽いらしい。

カミオンに揺られて

ここに来るまでほぼなんの計画も立てていなかったので、大まかなルートと計画を立てた。

キューバは東西に細長い島国で、全部を自転車で走ろうと思うと3週間では足りない。そこでまずは、ここハバナから東へ1000㎞ほどにあるキューバ第二の都市、サンティアゴ・デ・クーバまで移動して、バラコアやトリニダーを観光し、トリニダーから西のビニャーレスまでは自転車で走ろうということになった。サンティアゴまでの足だが、宿にあった情報ノートによると、観光客向けのお高いバス以外に、地元民が使う「カミオン」という家畜トラックみたいなものがあるらしい。

早速、情報収集のためにカミオン乗り場へ向かう。どうやらカミオンには予約などはなく、満席になったら出発する仕組みのようだ。値段もドライバーによってマチマチ。家畜トラックと聞いていたのでどんなものかと思ったら、中にはちゃんと座席もあって意外と快適そうだし、自転車も積めそう。翌朝出発することにした。

だが次の日。目が覚めるとものすごい水音がする。寝ぼけていたので、水漏れかなー?と思っていたらまさかの土砂降り。前の日に宿で会った、メキシコに住んでいるという男の子が自信満々に、「この時期は100%雨降らねーっす!」と言い切っていただけに思わず笑ってしまった。

雨が上がるのを待って6時半頃出発。まだ暗い。7時頃にカミオン乗り場に到着。

昨日は全部で30クックと言っていたのに50クックとふっかけられる。どうにか45クックまでは値切ったけど、それ以下には下がらないので渋々承知した。それにしても雨が激しい。我々が宿を出るときだけ止んでくれてラッキーだった。

乗客がいっぱいになるのを待って8時前に出発。我々以外は全員地元民だ。垂直に立った背もたれも、中身のスポンジがところどころむき出しになっている座面も、慣れればそこまで悪くはない。

数時間おきに休憩があり、お昼に立ち寄ったところでは揚げパンやドラム缶で焼いてくれるピザを食べたが、どちらも作りたてでおいしかった。


サンティアゴ・デ・クーバを経由して、グアンタナモという町に着いたのは22時半。バラコア行きのバスが午前3時半に来るというので、それまでターミナルで待つことにした。

お腹が空いてターミナルの目の前にある食堂でごはんを食べていると、人懐っこいタクシードライバーのおっちゃん2人がいろいろと教えてくれる。話しているうちに盛り上がり、「今からディスコに行って踊ろう！」ということになった。とても眠かったけど、せっかくなので連れて行ってもらった。はじめてクラシックカーに乗ったが、中が意外と広くて快適だった。


町は閑散としていたのに、ディスコの中は町中の人がみんな集まっているのではないかと思うほどごった返していた。老若男女問わず、踊るために生まれてきました！と言わんばかりの滑らかな腰つきとリズム感の良さに圧倒された。お腹がポッコリ出たおっちゃんですら、踊り始めたらちょっとカッコよく見えてしまうほど。これが本場のサルサか……！

少し踊って、2時半にターミナルに戻ってきた。おっちゃんは気を良くしたのか、「僕がこのままバラコアまで連れて行ってあげるよ～。お金は要らないよ～」と言う。気がつくといつの間にかひざまくらされている……

「お気持ちはありがたいけど、大丈夫です……」丁重にお断りし、3時半のバスに乗った。

久しぶりの自転車

バラコアからサンティアゴを経て、キューバのほぼ中央に位置するトリニダーへ。世界遺産のカラフルな街並みが有名だが、「ファゴッティング」という手仕事も興味深い。布地から糸を抜いて模様を浮かび上がらせる細やかな作業。刺繍のように糸を足すのではなく、引くという発想が面白い。

お店で売られているアクセサリーを見て、「アフリカと同じだ!」と興奮するかすみちゃん。

キューバ人の中には西アフリカの宗教とカトリックとが融合した「サンテリア」という多神教を信仰する人もいる。赤と黒、青と白など、それぞれの神様によってテーマカラーがあり、自分の神様の色を身につけるだとか、入信して間もない人たちは頭からつま先まで全身白い服を着ないといけない、などのルールがあるようだ。アフリカ大好きなかすみちゃんと一緒に旅をしていると、また違った視点でキューバが見えてくる。そしてわたしもますますアフリカに行きたくなってしまうのだ。

トリニダーから次の町シンフエゴスまでは80㎞。ここから久しぶりに自転車に乗る。

荷物を半分以上ハバナに置いてきたのでとても楽チン。そして坂道が少なくほぼ平ら。これならいくらでも走れそうな気すらする。交通量は少なく、そこかしこに放たれている馬や羊。昔テレビで見てから憧れだった、バオバブの木も道端に生えていた。

シエンフエゴスには16時頃到着。ソフトクリームを食べながら、そこで店番をしていたオマールと話しているうちに仲良くなり、「夜一緒にクラブに行こう」ということになった。夕飯のあと仮眠のつもりが、気付けばオマールとの待ち合わせ時刻の21時10分前。慌てて出かけてオマールと合流し、彼の友人である自転車タクシーのドライバーと一緒にクラブへ向かう。乗ってみたかった自転車タクシーも漕がせてもらってラッキー。

日付が変わる前に帰るつもりだったが、ようやくクラブがオープンしたのが22時。ハバナクラブとコーラを買ってキューバリブレ（ラムコーク）で乾杯。
23時にバンドの演奏が始まった。まだ誰も踊らない。
0時にバンドが終わり、ようやくダンスタイム。わたしはオマールと、かすみちゃんはドライバーのお兄さんと踊った。1時過ぎに眠くなってきたので、みんなで一緒に帰ることにした。深夜なのに大音量で音楽をかけて、踊りながら笑いながら帰った。

素晴らしきモネダ飯

翌日、朝は晴れていたのに、だんだんと雲行きがあやしくなり、ついに本降りに。この時期は乾季だと聞いていたので、こんなに降られるとは思っていなかった。

お腹が空いたので、通りかかった村でピザを食べる。キューバではだいたいどこの村でも地元民向けに道端や民家の軒先でピザやサンドイッチなどの軽食や飲み物（通称モネダ飯）を売っていることが多く、チャリダーには大変ありがたい。

雨はひどいし道は狭くてデコボコ。しばらく走っていると、つるん!と派手にコケた。肩から落ちたようで、肩・ひじ・ひざが痛い。あとで見たら出血していた。

グアナポ（サトウキビジュース）屋さんを見つけて休憩。ちょっと青臭いけどおいしい。わたしが転んでドロドロなのを見て、お店の人がタオルを貸してくれた。

そこから先は、あまりアップダウンはないものの、雨とケガで慎重に運転していた……はずなのに、目的地であるサンタ・クララの6㎞手前でガラス片を踏んでパンク。そして直したつもりが、しばらく走っていたらまたもやパンク。踏んだり蹴ったり。

町まではあとわずかなので、空気を入れてだましだまし行く作戦をとってみたが、しばらく走るとすぐにプシューっと抜けてしまう。やっぱりちゃんと直す必要がありそうだ。かすみちゃんに先に宿に行ってもらってパンク修理にとりかかる。

ようやく宿に着くと、かすみちゃんはわたしを探しに行ってくれたようで、すれ違いになってしまった。しばらく探し回ったが見つからず、仕方なく宿の前で待っていると、隣のお店でバースデーパーティーをしていた集団に「一緒に飲もう！」と誘われる。かすみちゃんに悪いなあと思いながらも、腹ペコチャリダーはNOと言えず、シチューをひとくち、いただくことにした。「なにこれ!! めっちゃおいしい！」

かすみちゃんも無事に戻ってきてパーティーに合流し、ビールとシチューをたらふくいただいたのだった。

翌日も朝からグアバジュース、ヨーグルト、またグアバ、グアバジュース、ピザ、ソフトクリームと見かける度に自転車を止めては食べまくり。それでも100円ぐらいにおさまる、素晴らしきモネダ飯。

キューバのドライバーは、チャリがノロノロ走っていてもあまりクラクションを鳴らしたり煽ったりしない。きっと、チャリよりも遅くてかつ幅もある馬車や自転車タクシーに慣れているからだろう。

レメディウスの手前でグアナポ屋さんを発見。搾りたては青臭さもなく、おいしすぎておかわり。これで1杯1モネダ（5円）という安さ。さとうきびは汁が出なくなるまで何度も搾っていて、搾り終わったあとはただの繊維の塊だった。

キューバの男

レメディウスに着き、広場をウロウロしているとお兄さんに話しかけられ、「よかったらあとでうちにあそびにおいでよ」と誘われる。一度宿に戻りシャワーを浴びて、広場にあるレストランで生演奏を聞きながら、中華風サラダとロブスター入りのパエリアを食べた。

かすみちゃんは体調が悪いようだったので先に宿に戻り、わたしはひとりでお兄さん、レイデルのおうちに遊びに行った。

家に着くと5歳ぐらいの息子さんがいた。元奥さんの家へ息子さんを送り、近くのお店でビールをごちそうになる。話は家族のことから政治のことまで、多岐にわたった。

「キューバは昨年（2016年）だけで5万人も国外逃亡した。でもトランプ政権になってすぐ、1月の法改正でアメリカがキューバ人の入国を拒否したから、俺達はもう出られないんだ」というレイデル。

ちょうどわたしがアメリカにいた頃、秋の大統領選挙を控えて、その話題になることも度々あったが、周囲の人たちの多くはトランプ政権になることは想定していなかった。トランプを模した「押すと喋るボールペン」などのパロディグッズが出回っていたように、ネタだと思っていた人がほとんどだったと思う。しかしこうして政権が代わると、その影響はアメリカのみならず、ラテンアメリカ諸国、そして世界全体に関わってくる問題なのだと改めて感じた。

以前にキューバを旅した友人の話と比べても、ここ数年でキューバはずいぶんと変化しているようだ。インターネットが一部解禁され、広場に行くとスマホ片手にネットに興じる人々で溢れている。多くの情報が入るようになり、アメリカに出稼ぎに出ている家族から仕送りのある人や、観光客向けにカサやレストランを経営している人たちと、それ以外の農家や小売主等との間に貧富の差が生まれ、国民の不満は高まっている。後から調べてわかったことだが、今やアメリカからの親族送金は、キューバの観光業による収入を上回るほどの金額になっているようだ。社会主義国の限界が近づいているのかもしれない。

酔ったレイデルはわたしの目を見つめては、「君は素敵だ」と言ってきた。

キューバの男は本当に軽いなあと受け流していたが、さらに彼はこう続けた。

「君はどうしてそこまでしてがんばるんだ? 9000㎞走ったって、100年走ったって、答えは自分の中にあるんだよ。何がほしいかを決めるのは自分だよ」

思わず泣きそうになった。

仕事や人間関係に行き詰まり、逃げるようにして旅に出たわたし。自転車を漕いでいる間は嫌なことを忘れられた。周りの人達に「すごいね」と言われて、自分が何か特別なことをしているような気になれた。でも結局何も変わっていない。痛いところをつかれたな、と思った。

「見せたいものがあるんだ」

そう言われて再び彼の家に連れて行かれた。

なんだろう?と思う間もなく、家に入るなり、彼の態度が豹変した。

「変わりたいんだろう?　さあ、僕を受け入れるんだ。でも無理強いはしないよ。決めるのは君だから。でもここで受け入れなければ君は変われないよ」

一瞬、彼の口車に乗せられそうになった。このままキューバに住むのも悪くはないのかもしれないとすら思った。でも次の瞬間冷静になった。

なんだこいつ。さっきの言葉も結局全部下心のためだったのか。

「ごめんなさい!」そう言って彼の家を後にした。

1年近く旅をしてきてはじめての出来事だった。今までいい人ばかりに出会っていたから油断していた。

宿に戻っても、心臓がドキドキしていた。

観光客のいない町

レメディウスからバラデロというリゾート地までの道は、地図を見るといくつか小さな村はありそうなものの、宿のおばちゃん曰く「食べるところも泊まるところも何もないわよ」。

さてさてどうなることやら。

朝はフルーツスタンドでグアバを買い、次の町で卵サンドを食べ、さらに見たことのない魚フライサンドを食べた。どれだけ食べるんだ、わたし。

日本では使い捨てにされる100円ライターを修理するおじさんがいた。冷戦後、長い間鎖国状態だったキューバには、なんでも直して使う文化があり、洗濯機や冷蔵庫、メガネなど、それぞれ専門職の直し屋さんがいるのだ。

ハバナやトリニダーのような観光地のがめつい商売人気質には疲れてしまったわたしたちだが、この道は観光客が来ないからか、みんなとっても親切でフレンドリー。家の前でくつろいでいたおじいちゃんが、両手を広げて"bienvenidos!!"（ようこそ！）と叫んでくれた。

道中、さとうきびを刈っているおじさんを撮ろうとしたら、さとうきびをもらった。トマトとピーマンももらった。ニンニクを干すために、茎の部分を三つ編みにしているおじさんたちがいて、彼らの手さばきに見とれていたらニンニクをもらった。

サグア・ラ・グランデという町に着く。

観光地でもなんでもないし、自転車じゃなかったら絶対に来なかっただろうけど、大きな川と、教会もいくつかある。なかなか素敵な町だった。昨日の宿のおばさんは何もないと言っていたけど、食べるところは星の数ほどあるし、ジューススタンドのお姉さんは宿の場所を教えてくれた。

翌日も朝ごはんを食べてから出発したのに、途中の町でピザを食べ、アイスを食べ、ヨーグルトを食べ、甘いクッキーを食べ、ミルクシェーキを飲んだ。どれだけ食べるんだ、わたし。

食べていると必ずどこかから犬がやってくる。キューバの犬はかわいい。ペルーの犬に爪の垢を煎じて飲ませてやりたいぐらいだ。

2度あることは

104㎞走ったところで、バキーン！という嫌な音がして、恐る恐る見てみると、案の定スポークが折れていた。アメリカで2度折れ、これで3度目。

目的地の町までは12㎞。

どうしようかと思った矢先、バースデーパーティーに遭遇。中にいたおじさんに「寄っていけ」と誘われる。1歳の誕生日だというのにめちゃくちゃ盛大。聞けばキューバでは1歳、15歳、26歳が特別らしい。地図にも乗っていないような小さな村に、どこから来たのか大勢の人がいた。これだけ盛大に祝ってもらっても、おそらく本人は憶えていないだろう。

食べ物や飲み物をいただき、そろそろ行こうかと立ち上がると、「近くで友達が宿をやっているからそこに泊まればいいじゃん！」と言われる。もう少し進んでおきたいところだけど、スポークも折れてしまったことだし、泊めてもらうことにした。

宿に着くと他にも何人かがわたしの自転車を見てくれ、「俺たちに任せとけ！」とわたしのホイールを持ってわざわざ別の友人のところまで直しに行ってくれた。なんて親切な人たちなのだろう。

宿の夕飯はサラダとビフテキとごはん。キューバでは豚肉や鶏肉はよく見るが、牛肉はあまり見ない。以前、牛は神聖な生き物だから食べないと聞いていたが、よくよく聞くと自分でと畜するのはダメだが、政府所管の場所でと畜され、お店に出回っているお肉を買って食べる分にはいいらしい。

みんなでわいわいとごはんを食べ、楽しく談笑……していたはずなのに、突然激しい夫婦ゲンカがはじまり、お礼も言えないままみんな帰ってしまった。わたしとかすみちゃんは訳も分からずポカーン。キューバ人は激しい……。

タバコ農家のユカ料理

ハバナの東側にはタバコ農家がたくさんあるようだ。その横には必ずと言っていいほど、壁と屋根がわらのようなもので葺かれた三角形の小屋がある。バス停にいた人に聞いてみたところ、やはりタバコを乾燥させるための小屋らしい。

どうやって乾燥させるのか、など詳しく聞こうとすると、「よかったら中見る？」と誘われて喜び勇んでついて行く。

中は蚕部屋のように薄暗く、タバコの葉が何段にも所狭しと重なってつるされていた。8ヶ月ぐらい乾燥させてから選別し、次の工程にまわすらしい。小屋の中にはほんのりいい香りが漂う。

タバコって本当はいい匂いなんだなあ。

この家のおじいさんは、子どもの時から80年間、ずっとここで働いているらしい。葉巻を咥え、サトウキビを刈るさまはなんともダンディだった。

「サトウキビの奥がタバコ、そしてこっちはユカ（キャッサバやタピオカと同じ芋）だよ」

背丈ほどの高さに伸びた枝を引っこ抜くと、細長い芋がいくつもついている。

「へえ～ユカってこんな風に生えてるんだ！　わたしたちユカが大好きなんです」と言うと、「じゃあ今からユカ料理を作ってあげるから、その間に散歩してらっしゃい」と言いながら、早速皮を剥き始めるお母さん。

待っている間、娘さんに案内してもらった。山全体がこの一家の所有地らしく、他にもマンゴー、グアバ、バナナ、お米や野菜も作っている。牛、豚、ヤギ、ニワトリ、ヒツジ、七面鳥も放牧されていた。お米は牛で耕し、脱粒まですべて手作業だそう。

家に戻るとお母さんが、出来上がったユカ料理をテーブルに並べてくれた。シンプルに塩茹でしただけなのに、なんておいしいんだろう！　ユカ独特のモチっとした食感が手作りマヨネーズの程よい酸味と溶け合って、止まらないおいしさだった。そして何よりも、ただの旅行者の我々

ヤシの葉で作られた小屋の中でタバコの葉を乾燥

へのあたたかいもてなしが嬉しかった。

キューバのジレンマ

世界遺産のビニャーレス渓谷を経由してハバナに戻り、壊れたサングラスを直してもらおうと街をうろうろしていると修理工場を発見。

メガネを直すおじちゃんは、小さなネジの入ったケースの中身をひとつひとつ吟味しながら「うーん、これに合うネジないなあ。まあ、これでなんとかするか」みたいなことをブツブツつぶやきながら手際よく直してくれた。買ったばかりのサングラスを落とした時は落ち込んでいたけど、こんな技が見られるなんて、むしろ壊れてよかったのかもしれない。いいもん見せてもらったぜ、おじちゃん！

キューバ最後の日。ひとり散歩に繰り出す。あてもなくプラプラと歩いていると、ビアバーの中からお兄さんに声をかけられ、一緒に飲むことになった。

彼の名はポールと言い、キューバのことをいろいろと教えてくれた。

「俺たちはどんなに働いても1日1ドルしかもらえない。とにかく貧しいんだ。観光客向けのランゴスタ（ロブスター）や牛肉は高くて一生食べられない。旅がしたくても航空券すら買えないから、死ぬまでここから出られない。だから本を読むか、こうして異国から来た君のような人を通してしか世界を知る術がないんだ」と嘆くポール。

隣にいたおじちゃんも「そうだそうだ」と相槌を打つ。

ポールは本もたくさん読んでいて、中国や北朝鮮のような共産主義国のこともよく知っていた。まじめな話をしていたかと思えば、音楽がかかると踊り出す。わたしも一緒に踊る。


よく語りよく踊る彼らは、わたしの目には不幸せには見えなかった。

「あなたたちはハッピーなの？」

「そりゃあハッピーさ。お金がなくてもビールとサルサがあればハッピーだよ！」

「日本人はお金があってもハッピーじゃない人がたくさんいるよ」と伝えた。

お金と幸せってなんなんだろう。

もともと楽観的で明るい気質のキューバ人。無償かつ高水準の教育や医療、安価な食料提供により、最低限の生活は保証されているし、キューバの温暖な気候では凍死する心配もない。

比較対象がなければ幸せなのかもしれない。でもインターネットからの情報や、お金持ちの観光客、同じキューバ人の中でも裕福な家庭を目の当たりにすれば、欲望が膨らむのも無理はない。

「もっとお金があれば、あれもこれも買えて、もっと幸せになれるはずなのに」「俺達は一生貧乏だから不幸だ」そんな風に考えるようになってしまったのかもしれない。

どうか日本やアメリカのように、お金だけを追い求める社会になりませんようにと、願うわたしは身勝手だろうか。

別れ際に、「今夜ここで待っているから、一緒に踊ろう！」とポールに何度も誘われた。


今日はハバナ最後の夜。

かすみちゃんにポールたちの誘いを切り出せないまま、オビスポ通りに出かけてモヒートを飲みながら生演奏を聴いた。店の中の人も外の人も、みんな手を取り合って踊り出した。その後またサルサバーへ行った。たくさん踊った。楽しい夜だった。

でも飲んでいる時も踊っている時も、何度もポールの顔が頭を過ぎった。

「僕はここで待っている。でも、君と僕は住んでいる世界が違うから」

彼はわたしが来ないと思っていたのだろう。「そうではない」と伝えたかった。でもわたしはどうしてもかすみちゃんに「行こう」と切り出せなかった。なぜだろう。彼の予想をいい意味で裏切れなかったことが心残りだった。

2度目のアメリカ

キューバからかすみちゃんはアフリカへ、わたしはメキシコに向かい、自転車と荷物を預かってもらうためにオマールの家を訪ねた。オマールの妹さんが結婚して福島に住んでいて、その知り合いである自転車旅人まささん経由で紹介してもらったのだ。

そして8ヶ月ぶりにアメリカ・サンフランシスコへ戻ってきた。

紙をトイレに流せる、接客の人の愛想がいい、そして英語が通じることに感動した。同時に物価の高さにも驚愕した。キューバで1枚60円だったピザが、ここでは30倍以上する。お札を持つ手が震えた。

アメリカに戻ったのには訳がある。20年以上前に家族でお世話になったアレトン一家と、その後、紆余曲折があって何年も疎遠になってしまっていたので、この機会にみんなを再会させたくて、日本から両親と妹に来てもらったのだ。

和食を一緒に作って食べたり、海までドライブしたり、思い出話に花を咲かせながら、アレトン一家とわたしの家族4人でゆったりとした時間を過ごした。ホームパーティーでは、わたしの旅をずっと応援してくれていた人たちに向けて報告会もさせてもらった。

写真を選びながら、これまでの旅を振り返っていると、たった8ヶ月の間に、本当にたくさんのことがありすぎて、選りすぐったつもりが400枚の超大作になってしまった。

2時間に及ぶスライドショー。質問やツッコミも満載で、みんな最後まで楽しんでくれてホッとした。

こうしてふたつの家族と過ごした1週間は、懐かしくて温かくて、夢のような時間だった。

ひと月半後、無事に帰国する約束をして家族と別れた。そしてわたしは、最後にもうひとつやり残したことをするため、またひとりメキシコに向かった。

大都市メキシコシティ

メキシコシティに着き、荷物を預かってもらっているオマールの家へと向かう。

メトロにはいろんな物売りが乗り込んでくる。お菓子やボールペン、ピアスの部品、自転車のベル、挙句には、混み合う車内でスピーカーを抱えて移動しながらカラオケする人までなんでもありだ。「ボールペンボールペンボールペーン!」「チョコレートコーラビスケット〜!」

みんな呪文のように唱えている。その饒舌なこと! わたしはあんなによどみなく喋り通すことはできない。そして、そんなのニーズあるの⁉と思うようなものでも、意外と買う人がいるのが面白い。市場ではお惣菜やタコス屋さんに紛れて、「血圧測定」を商売にしている人までいて、メキシコ人の商人魂を垣間見た。


オマールの家に着くと、お母さんのマルタがおいしい朝ごはんを食べさせてくれた。

料理上手なマルタに、緑トマトサルサの作り方を教えてもらった。赤くなる前の緑のトマトだと思ったら全く別物らしい。ほおずきみたいな皮を被っていて、放っておいても赤くはならず、味も酸っぱい。トルティーヤ(とうもろこし粉のクレープ)に肉や野菜などの具を乗せて食べるのがタコス、チーズなどを乗せて鉄板で焼いたのがケサディージャ、揚げてチップスにするとトスタード、それにサルサをかけて豆と一緒に食べるのがチラキレス、そして、もはやタコスと見分けがつかないパヌチョス、サルブテス……

どれもおいしいんだけど、ああ～なんてややこしいんだ！　メキシコ料理！

マルタと一緒にセントロへ行き、教会や博物館、郵便局、カテドラルなどを案内してもらった。教会の数が京都の神社仏閣並みに多い。土曜のミサをやっているところもあった。

それから一週間、メキシコ名物の「ルチャ・リブレ」というプロレスを観戦したり、ソチミルコの運河を小舟で遊覧したり、美術館に行ったり、毎日マルタのおいしい料理をたくさんいただき、大都市メキシコシティを堪能した。

最後の夜には、お世話になったオマール一家と一緒にみんなでごはんを食べた。和食好きというオマールたちのために、仲良くなったメキシコ在住の友人と一緒に餃子やお寿司を作った。

明日は久しぶりに自転車に乗ってバスターミナルまで走るというわたしに、「メキシコシティは本当に危険なのよ。わたしの元彼は自転車で事故に遭って死んだの。お願いだから車で送ってもらって」。仲良くなった友人に懇願され、結局オマールに送ってもらうことになった。

預けていた相棒を取りに行くと、リアディレイラー（後輪の変速装置）とホイールの交換という大手術を経てジミーくんは生まれ変わっていた。日本を出たときのパーツはもはやフレームぐらいしか残っていないのでは？　でもこれで残り1ヶ月、どうにかもってくれるはず。

美食の町

メキシコシティから8時間のバス旅を経てオアハカの町に着いた。「美食の町」と呼ばれるオアハカで、一体どんなおいしいものに出会えるのだろう。

宿にチェックイン後、市場をひと通り物色して吟味した結果、名物の「トラジューダ」を食べることにした。メキシコ流ピザのようなもので、パリパリに焼かれた大きなせんべいに豆のペーストを塗り、千切りキャベツやピーマン、（さけるチーズのような）オアハカチーズ、そしてステーキが載っている。ステーキはカットされていないし、パリパリのせんべいが口に刺さるし、食べづらいことこの上ない……。なんだ、期待しすぎたか。

旅も終盤。わたしは明らかにテンションが落ちていた。

アメリカ大陸の最南端を目指すという当初の目的も、わたしの家族とホストファミリーを引き合わせるという第二の目的も達成した。砂漠や砂利道のような過酷さもなく、バスでばかり移動する生ぬるい日々。長期旅行者にはよくあることなのだろうが、何を見ても、旅を始めた当初の新鮮さや驚きがなくなった。

オアハカ周辺には有名な遺跡や滝を周るツアーもあるのだが、すっかりやる気をなくしたわたしは、街をフラフラ歩いても特に興味をそそられるようなこともない。名物のバッタの唐揚げを少しつまんで、宿に戻りネットサーフィンをして一日を終えた。

じっとしているとますます落ち込んでくる。このままじゃダメだ。

原点回帰

久しぶりに自転車で走りたい。

そう思い立ったわたしは、「エル・ペドレガル」というパーマカルチャー・センターに向かった。たまたまポスターを見かけて気になっていたのだ。

町から約10㎞。キツーイ坂を上りきると、広大な敷地の中に、母屋とゲストハウス、キッチン小屋、コンポストトイレ小屋、薪ボイラーシャワー小屋、雨水タンク、温室などが建っていた。自転車の動力で水をくみ上げる井戸もあった。

残念ながら人はいなかったが、説明書きを読みながら、ひと通り見学。森林伐採や慣行農法の影響で水が枯れてしまった渓谷を取り戻し、地域の人たちに健康的な野菜作りのノウハウを身につけてもらうための実験的な施設のようだ。

調子が出てきたので、もう1ヶ所気になっていた、カラフルな木彫りの動物を作っているアラソラ村にも行ってみた。

小さな村に多くの工房が並び、そのほとんどは家族経営。わたしが入った工房も、お父さんが木の塊からサクサクとナタ一本で大まかな形を作り、息子さんがそれを仕上げ、今度はお母さんと娘さんが筆や注射器を使って色鮮やかに彩色していく。

見事な連携プレイに見入っているうちに、無性にやってみたくなる。

「わたしにも絵付けを教えてもらえませんか?」とダメ元で頼んでみたら、快く〇K。

細かい作業はけっして得意ではないけれど、お母さんに教えてもらいながら見よう見まねで色をつけていく。無心になって指先に意識を集中させるのは楽しい。

ああ、やっぱりわたしはものづくりが好きなのだ。

気付けば、あれだけ落ち込んでいた気持ちがウソのように晴れていた。

マヤの住む町

この町に一目惚れした。

オアハカから夜行バスに乗り、朝目が覚めると、マヤ文明ゆかりのサンクリストバル・デ・ラス・カサス(サンクリ)に着いていた。

バスターミナル前の屋台で売られていたのは、トウモロコシの葉にトウモロコシ粉を包んで蒸し上げたメキシコ版ちまき「タマレス」と「アロス・コン・レチェ」という甘いミルク粥のようなもの。食べてみたら、とびきりおいしくて、それだけでこの町が好きになった。

ペルーやボリビアを彷彿とさせる、鮮やかな刺繍の民族衣装を纏った女性たちを久しぶりに目にし、ますます期待に胸膨らむ。

わたしの「マヤ」という名前の由来は、覚えやすく、国や人種を超えて親しみやすい名前だということや、母の尊敬するバレリーナの名前にあやかって、というのが主な理由らしいが、マヤの人たちのような先住民の暮らしにも寄り添える人に育ってほしいという想いもあったという。今回メキシコに来たのも、そんな自分の名前のルーツのひとつでもある「マヤ」の人たちについて知りたいということがあった。マヤ暦やマヤ文字に代表される、現代科学をもってしても謎が解けないほど高度な文明は、すでに滅んでしまったというが、その文化や知恵はきっと残っているはずだ。

サンクリの町はソカロという広場から縦横に歩行者天国の道があり、たくさんの土産物屋やカフェが並ぶ。市場には生きたニワトリから野菜、果物、薬草、生活用品、衣類などの店が迷路のように入り組んでいる。何度行っても迷子になった。

それとは別に民芸品の市場もある。手作りの民族衣装、人形やアクセサリーなどが所狭しと並ぶ。どの店もほとんど同じようなものを売っているので、てっきりどこかの村から仕入れて売っていると思ったのだが、聞けばそれぞれのお店の人が作ったもののようだ。

とても気に入ったデザインのミサンガがあったので、お店の女性にお願いして教えてもらうことに。おしゃべりをしながら、丸一日かけてようやく出来上がったそれを、彼女らはそれを60円ぐらいの値段で売っているのだ。これだけの手間ひまをかけて60円⁉ そうと知ったからにはもう安々とは値切れない。

「そうなのよ。これを作るのは大変なの。でも観光客の人たちは知らないから、それでも高いっていうのよ」

お米や野菜、工芸品など、どんなものであれ、できる工程を知ることで見方は大きく変わる。「高い」という人は一度作ってみるべきだ。かくいうわたしも今まで値切ってきたのだけど。

ミサンガ作りで一日店にいて、店の中からお客さんがどう見えるかもわかった。自分は今までどんな風に店の人と接してきただろうか。偉そうな態度や不快に感じる言葉はなかっただろうか。

「でもね、わたしはこうしてものづくりをするのが楽しいから、この仕事が大好きなの」

そう笑うお姉さんはとても素敵だった。

生まれ変わりのセレモニー

民芸品市場では、マヤの美しい太鼓に目が止まった。「テマスカル」という心身の浄化の儀式に使われる太鼓だそうだ。翌日、近くでテマスカルセレモニーが行われるという。「参加するなら果物とお花を持って来て」と言われたので、同じ宿の人たちを誘って、オーガニックマーケットで買って行く。

山々に囲まれた美しい景観の真ん中に建つテマスカル小屋。一般的には石や土でできていることが多いようだが、ここはドームテントのような形。小屋の前では火が焚かれ、石が熱されている。我々を含めて15人ほどの参加者がいた。

みんなそれぞれ、持ってきた果物とお花を捧げ、火を囲んで円になる。「石はわたしたちのおじいさん、おばあさん。なぜならずっと昔から地球にいて、たくさんのことを知っているから」

進行役の言葉に従い、ひとりひとり、想いを込めておじいさん(石)にタバコの葉を捧げる。ハーブ水で身体を清めてもらい、疑似子宮である小屋の中へ入る。

小屋の中は暗くて狭いが、不思議と安心感がある。熱々になったおじいさん(石)がひとつずつ小屋の中央に置かれていき、そこに水をかける。蒸気がモワッと上がる。

暗闇の中で煙と蒸気に包まれ、歌と太鼓を奏でること3時間。

セレモニーが終わり、真っ暗な擬似子宮の中から這いつくばるようにして明るい外の世界へ。

身体だけでなく心の毒素もすべて洗い流され、まさに生まれ変わった気がした。

再び火を囲み、お供えした果物をみんなで分け合った。その時、わたしの中からふつふつと湧き起こってきたのは、「これからどんな世の中になろうと、大地とつながって生きていきたい」という感覚だった。

チャムラの教会

サンクリの周辺には先住民族の村がいくつかある。村ごとに異なるという文化や衣装を見てみたいと思い、まずは10㎞ほど離れたチャムラ村の教会まで走った。

教会の中に一歩足を踏み入れると、今まで見てきた教会とは何もかも違った。土着の宗教とキリスト教が融合した不思議な空間。薄暗い空間の中でまず目に入ってきたのは、ゆらゆらと揺れる無数のロウソクの灯。天井からはいくつもの布が斜めに垂れ、両側の壁にはガラスの箱に入った像が所狭しと並び、その前に置かれた机の上にもガラスのコップに入ったロウソクが並ぶ。

床に椅子はなく、青々とした松の葉が絨毯のように敷き詰められ、あたりにその香りが立ち込めている。ところどころその葉をよけて大理石の床に直にロウソクを並べ家族でお祈りをしている。終いにはロウソクがすべて溶けて、床が燃えている。

祈りの儀式には「コカコーラ」が使われる。かつて使われていた「ヤキル・ボ」という黒砂糖と水を自然発酵させたお酒の代替品だという説や、「ゲップが身を浄化する」と信じられているからという説もある。農耕、結婚、病気の治癒などさまざまな儀礼があるが、中にはニワトリが生贄に使われることもあるようだ。最後に溶けたロウソクを床からこそげ取って帰って行く。なんだか夢を見ているようだった。

スペイン統治下では、土着の宗教をカモフラージュしていたため、建物の外観は普通のキリスト教の教会なのだ。

午後はそこからさらに10㎞ほど離れたシナカンタン村へ。

チャムラでは女性はみな黒いボアのスカートを履いていたが、この村では上は紫地、下は黒地に色とりどりの花の刺繍が施された衣装を着ていてとても美しい。

この辺りの人たちは写真嫌いなようで、カメラを向けると逃げていくか、怒り出すか、お金を要求されるかで、なかなか写真が撮れなかった。昔の日本のように、魂を抜かれると考えられているようだ。

小さな村だが、どこの家の前でも女性がチクチクと裁縫をしている。

工房の前で若い女の子たちが刺繍をしていたので作業の様子を見せてもらった。

「一枚のショールを作るのにどれぐらいかかるの?」

「布地を織ってから下書きをして、そして刺繍をするから1ヶ月ぐらいかかな?」

1ヶ月⁉ まさか布地を織るところから始まるとは。そしてそれをたったの400ペソ(約

CUBA

①お世話になったアレトン一家とホームパーティー
②クラシックカーが走るキューバの街並み
③馬車の八百屋さん
④見たことのない果物がたくさん
⑤この道数十年のタバコ農家のおじいちゃん
⑥キューバの定番、お肉・コングリ(豆ご飯)・サラダ

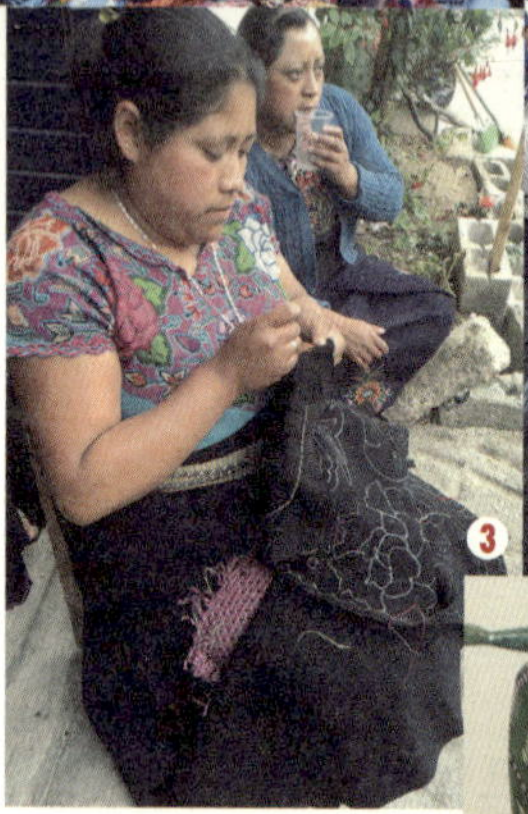

MEXICO

①幾何学模様が美しいラインサール村の手織の衣装
②サンクリの市場の前で手工芸品を売る女性たち
③紫地に花柄の模様が鮮やかなシナカンタン村の刺繍
④家族総出で作り上げるカラフルな木彫りの動物
⑤旅の最後に食べたフィッシュタコスは絶品だった
⑥マヤの伝統的なセレモニー「テマスカル」の小屋と太鼓

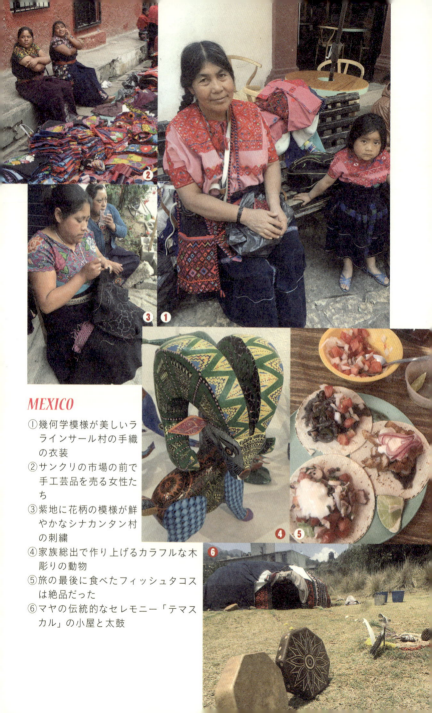

2400円）で売っているというのだ。だからといって高くしたら誰も買わない。ものの値段や価値を決めるのは一体何なのだろう。

眠れぬ熱帯夜

標高2000mのサンクリから200mのパレンケの町に着くと、同じ季節とは思えないぐらい常夏になった。

クーラーの効かない安宿で、暑さと蚊とアリのおかげでほとんど眠れないまま5時過ぎに起き、暗闇の中で支度をして7時過ぎに出発。暑くなる前にできるだけ距離を稼ぐ作戦だ。ここからユカタン半島を北上し、約1000km先のカンクンまで走る。自転車にまともに乗るのはキューバ以来1ヶ月ぶりだ。

予報通りの灼熱地獄で、アスファルトの照り返しはサウナのごとく身体を包む。42℃という気温もさることながら、湿度が高いのがキツイ。寝不足と暑さで意識が朦朧とし、ハッと気付くと中央線付近を走っていたことが何度かあった。車がいなくてよかった……。

このあたりは建物や木陰すらほとんどない。水を飲んでも飲んでも身体中から水分が飛んで行く。途中で水が切れかけ、たまたまあった建物の日陰に避難しようとしたところ、中から人が出てきて、冷たい水やフルーツを振舞ってくれ、さらには冷房の効いた部屋で休ませてくれた。あなたは神様ですか……？

世間話をしながら、結局1時間半くらいゆっくりさせてもらった。

さらに1時間ほど走ったところでガソリンスタンドを発見。本日のお宿はこちらに決定。ご飯を炊こうとしたら、クッキングストーブが見当たらない。一眼レフ、iPad、テント、防水デジカメ……わたしはこの旅でいったい幾つのものをなくしたのだろう。自分の管理能力のなさにほとほと呆れる。きっとわたしの身代わりになってくれたのだ、と考えることにしよう。

夜テントを張っていたら、「ここは危ないから建物の中に入りな」と言われ、トイレの前に寝ることになった。窓もカギもすべて締められてしまったが、直後に土砂降りになったので、屋根があってひと安心、と思ったのも束の間……。

「暑い……」締め切られたトイレの前はあまりに暑くて一睡もできなかった。

5時半からのそのそと準備をしてバナナとマンゴーを頬張り、7時過ぎに出発。曇り空で時折雨がパラつく。おかげで昨日よりだいぶ涼しい。

それにしても、ずーっと平らで退屈な景色だ。きつい坂が多いのも辛いがこうまで平らだと飽きてしまう。何事にも多少のアップダウンは必要なのだ。

ガソリンスタンドから70㎞先走り、レストランに到着。サンクリで出会い、わたしの先を走っているカナダ人チャリダーカップルのレベッカとネイサンに、ここでキャンプできると教えてもらった。

このレストランにはプールがあって、孔雀がそこら辺をカジュアルに歩いていた。時々何もないところに向かって、ファサーッと羽根を広げて求愛しているのがシュール。近くの湖で水浴びをしてからレストランでお魚をいただく。残すところ1ヵ月弱とはいえ、自炊ができないのは痛い。

夜中、あまりの暑さに目が覚め、耐えきれずにプールに飛び込んでからテントの横にマットを敷いて寝た。案の定、蚊にやられまくり、朝起きたら目が開かないほど腫れていた。暑さをとるか、かゆさをとるか、究極の選択だ。

途中の小さな村で見つけたおばちゃんの屋台で、エンパナーダを食べた。もうひとりのお友達らしきおばちゃんが揚げバナナをくれた。気さくなおばちゃんたちは「ねえあなた結婚してるの？うちのお兄さんどう？」「あら、わたしの息子もオススメよ」「さあ、どっちを選ぶ？」と迫ってきた。

「日本人はネズミやカエルを食べるんでしょ？」とも聞かれた。その前の日も同じことを聞かれたのだけど、一体どんなイメージなんだろう。わたしはどちらも食べたことがあるが、日本人を代表して「食べないよ」と伝えた。

不思議な宿

カンペチェではオマールの友人であるルースにお世話になり、名物のパヌチョス（タコスよりも生地がもちもち）やレジェーノ・ネグロ（真っ黒な煮込み）など、おいしいメキシコ料理をごちそうになり、バーで一緒にゲームをして遊んだ。言葉が通じなくても、一緒においしいものを食べて笑えればそれだけで心は通じ合う。日本語に興味があるというルースの息子さんに、手書きのあいうえお表と筆ペンをプレゼントしたら、寝る間も惜しんで自分の名前を練習している写真が後日送られてきて、じんわりと嬉しくなった。

ユカタン半島の道は平らすぎて退屈だが、毎日なかなか面白いところに泊まっている。ある日はセノーテ（天然の洞窟プール）の脇に、またある日は教会の待合室に。そしてその中でも衝撃的だった宿がある。宿もキャンプ場もないような小さな村にたどり着き、困り果てて警察署に行った。「すみません。一晩だけでいいのでここに泊めてもらえますか？　テントはあります」

「いいよ。そこの奥に進んだ所にテントを張りな」

言われた場所に向かって100mほど歩いて行くと妙な視線を感じる。ふと右に目をやると、なんと檻の中に人がいた。2つの檻に男性と女性がひとりずつ入っていた。

……？？

あまりのことに混乱して、咄嗟にhola!と挨拶をすると、向こうもhola!と返してくれた。どうやら悪い人ではなさそうだ。いや、悪い人じゃないならなぜ檻の中に!? 視線を感じながらテントを張り、ドキドキしながら夜を過ごした。深夜23時頃に再度檻の方に目をやるとふたりともいなくなっていた。あれは一体なんだったのだろうか。

ビーチでの出会い

トゥルムの宿でレベッカとネイサンと合流し、翌朝の開場とともに一番乗りでトゥルム遺跡に入る。まだ人も少なく海風が心地よい。

海沿いにあるこの遺跡は他とだいぶ雰囲気が違う。耳をすませば聞こえる波音。悠久の時を経た遺跡は朝日を浴びてより一層神々しく見えた。メキシコで訪れた数ある遺跡の中でも、わたしはここが一番好きかもしれない。かつては権力者たちが住んでいたこの地も、今やイグアナの住処となっているようだ。

トゥルム遺跡から20㎞ほど進んだところにキャンプ場があった。レベッカとネイサンはもう少し先に進むというので、彼らと別れてそのキャンプ場に向かった。

ゲートは閉まっていたが、しばらく待っているとオーナーの友人だという人がやってきて開けてくれた。ハンモックでゴロゴロしながらオーナーを待たせてもらう。

3時間ほど経ち、夕方になってようやくオーナーのレンスが帰ってきた。敷地は思っていたよりも遥かに広い。キャンプ場の周りにはセノーテや洞窟、ティピ（円錐形のテント）やアウトドアキッチンもある。ちょうど空いているからと、屋根とマットと明かりが付いた超ゴージャスなテントで寝かせてもらえることになった。最高だ。中途半端な安宿に泊まるよりテントの方が圧倒的に快適である。

翌朝、すぐ近くにいいビーチがあるというので行ってみた。人も少なく、マングローブの下に居心地の良さそうな木陰を見つけて休む。レンスにシュノーケルを借りて、早速潜ってみると色とりどりの魚がいる。水もすごくきれいなのに、サンゴは死んでいて悲しい。

ひと通り泳いで満足したので木陰に戻り、途中の村で買ったパヌチョスを食べ、本を読んでいると、目の前に見覚えのある顔が……なんとレベッカとネイサン。

「マヤの自転車が停まっていたから、このビーチのどこかにいるんだろうなって思いながら歩いていたのよ」と笑う。もう会えないと思っていたから再会が嬉しい。

ふたりと話していると、近くにいた家族が話しかけてきた。50㎞ほど北にあるプラヤ・デル・カルメンという町に住んでいるという。娘さんのクリスは英語を勉強していて「よかったらうちにあそびに来てね」と言ってくれた。

そのうち誰かがココナッツを拾ってきて、ココナッツ割り大会が始まった。石や持っていた小型のナイフであれこれやってみてもなかなか割れない。やっと割れたと思ったら、苦労のわりに得られるものは少なく、「これならメルカドで15ペソで買ったほうがいいね」とみんなで笑う。

気付けば夕方になり、みんなと別れてビールと食材を買い、キャンプ場に戻った。

ビール片手にハンモックに揺られながら、先日遺跡で買ったマヤの本を読む。ひとりの子どもが生まれてから成長する過程でどんな儀式を受け、どんな神がいて何をするのかなど、暮らしぶりがよく分かる。

夜、オーナーのレンスが帰ってきたのでビールを飲みながら話した。

彼は世界中を徒歩、馬、自転車、バイク、車、ヒッチハイク、クルージングなど、いろいろな方法で旅してきたらしい。19年前に購入した当時、ここ一帯はジャングルで全貌を把握できないほどだったという。整備を進めていくうちに、セノーテや洞窟、そして人骨も発掘された。

そして地元の先住民の人々の協力を得ながら、昔ながらの技法で小屋やコテージを建て、この場を作りあげてきたそうだ。

「手に入れると飽きてしまって次のことがしたくなる」だとか「子どもなんて持ったら囚われの身だ」だとか、彼の持論は独特で、共感できるものもできないものもあったが、「人生でやりたいことはすべてやった。だから明日死んでも後悔はない」と言い切る潔さが格好良かった。

そんな風に生きられる人って、なかなかいないでしょう。

ミレヤのチレ・レジェーノ

翌日、ビーチで出会ったクリスから、お誘いのメールがきた。

「お母さんがごはんを作るからよかったら食べにおいで」

食べ物のお誘いを断るというのは、わたしの辞書にはない。喜び勇んでプラヤ・デル・カルメンに向かう。食べ物パワーはすさまじく、50㎞を2時間半で走った。レベッカとネイサンもやって来て、お母さんのミレヤが「チレ・レジェーノ」というメキシコ料理を作ってくれた。焼いたピーマンの皮を剥き、たっぷりのオアハカチーズを詰め、逆さまになっても落ちないぐらい泡立てた卵白にくぐらせて揚げ焼きする。ふわふわの卵白をまとったピーマンにトマトソースが絡み、溶けたチーズと合わさってびっくりするほどおいしい。

その翌日もみんなで一緒にビーチに行って貝殻を拾ったり、砂風呂をしたり、お城を作ったりして遊んだ。帰ってきてからは手巻き寿司。トルティーヤに寿司の具を巻く「トルティーヤ寿司」も誕生。これぞ多国籍料理だ。食事の後は折り紙や習字をしたりして過ごした。

出発の日の朝、お母さんはとても名残り惜しそうにわたしの手を握り「また来てね」と言ってくれた。帰る場所が、またひとつ増えた。

旅の終わり

透き通るような潮風とギラギラの日差しを浴びて、今日もゆっくりペダルを漕ぐ。

ゴールのカンクンまではあとわずか。町に近づくにつれて、巨大なリゾートホテルが次々と現れる。わたしには一生縁のない場所かもしれない。でもいいのだ。「移動式5つ星ホテル」があるのだから。

空港に向かうバスのターミナルに着いて自転車をバラし、箱に詰めようとしたのだが、ここでとんでもないことが発覚。左側のペダルがネジから曲がっていて外れなくなっていた。以前キューバでバスに積んでもらった時にペダルが他の自転車と絡まってえらいことになっていて、それからなんか様子がおかしいと思っていたのだが、まさか曲がっていたとは……。

わたしが四苦八苦していると、おじさんが何人かわらわらと集まってきて「もっとこうしたら？」「俺に貸してみろ」と代わる代わる手伝ってくれようとする。しかしペダルはとうとう外れず、無理やり箱に押し込んだ。どうにか入ったけど、これ以上ペダルが曲がらないか心配だ。

最後までバタバタで行き当たりばったりの旅。でも、こうした人懐っこいたくさんの人たちの親切やおせっかいに、どれほど救われたことだろう。

空港に着いてホッとしたのか、急にお腹が空いてきた。日本に帰ったら何を食べようかな。誰とどんな話をしようかな。

旅に出る時と同じぐらい、ワクワクドキドキしている自分がいた。

ただいま日本

カンクンからロサンゼルス経由で2日がかり。機内で映画を3本半も見てしまい、ほとんど一睡もしていない寝不足状態のまま、2017年7月4日、352日ぶりに日本に帰ってきた。出迎えてくれたのはひろちゃんとまなちゃん！ わたしの旅にも合流してくれたふたりが、なんと手作りの横断幕まで持って空港に駆けつけてくれたのだ。色白のふたりと並ぶと自分の黒さが際立つ。写真を撮ってもらおうとすると「あれ、露出が合わない。カメラが困っている」と言われる始末。

この1年で肌の色以外にわたしに何か変化はあったのだろうか。きっと何年もあとに振り返ってみて気付くことなのかもしれない。ただひとつ言えるのは、旅に出て本当によかった。あの時、決断した自分に心から感謝したい。

夕方は成田に住む大好きな神澤さんの元へ。

本業はデザイナーだが、自宅の古民家ではヒートベンチやバイオガスシステムを作ったり、30年以上使われていなかった倉庫を廃材などの「あるもん」でリノベーションして「アルモンデ」というコミュニティスペースを作ったり、いつもユニークなアイデアとバイタリティに溢れた素敵な人だ。わたしが学生の時から、人生の岐路に立った時はいつも相談に乗ってもらっていて、今回の旅の出発直前にも迷いや不安を聞いてもらっていた。

そんな神澤さんファミリーは、わたしが帰ってくるからと張り切って、おしるこや手揉みのお茶、そして自家製のお米や野菜を使ったおいしい和食をいっぱい用意してくれた。

はじめて酵素風呂にも入らせてもらった。神澤さんは竹のさまざまな活用法も研究していて、この酵素風呂は竹パウダーと米ぬかを混ぜて発酵させたもの。温度もちょうどよくてとっても気持ちよかった。まさか日本に帰ってきて最初のお風呂が酵素風呂とは、なんとも贅沢。

こうして友人や家族と久しぶりの再会をはたし、日本の食事や風景に触れ、無事に帰って来られた幸せを噛みしめる。

田植えを終えた房総半島の田んぼに太陽の光が当たってキラキラと輝いていた。

ああ、なんて美しいんだろう。思わず顔がほころぶ。

誰かが田んぼの光景を「日本のウユニ塩湖」と称していたけれど、比較するまでもなく、この国には美しいものがたくさんあるのだ。

そんな美しいもの、そしてそれを受け継ぎ、次の世代へとつないでいく素敵な人たちにもっと出会いたい。こうしてわたしはまた次なる旅に出る。

一漕ぎ、一漕ぎ、ゆっくりでも、その積み重ねがいつか轍になるのだ。

手作りの横断幕で成田
空港まで出迎えに来て
くれた友人たち

エピローグ

「どうしたの、その自転車？　一体どこを走って来たの……？」

東京都・西東京市にある一癖創作自転車家「狸サイクル」の店主・遠山さんが、満身創痍のジミーくんを見て放った第一声だった。

「ここに行けば大抵のことはなんとかしてくれると思うよ」とのアドバイスを受け、一縷の望みを託してやってきたのだった。

「砂漠の中を8日間かけて押して歩いて、ガタガタな山道で何度も転んでたら、こんなになっちゃいました……」

その後も、道端でシカを拾った話や、救急車で運ばれた話など、わたしの武勇伝？を興味深く聞いてくれた遠山さんが、最後にひとこと。

「よし、わかった。うちで引き受けよう。今時こんなヤツなかなか見ないからな。まあ、あれだ、半分ボランティアみたいなもんだ。その代わりと言っちゃなんだけど、うちでお話会やってくれない？」

「ありがとうございます！　もちろん、喜んでやります！　ぜひ飲みながら話しましょう」

こうしてジミーくんは長期入院の末、パワーアップして見事復活！

「これでアフリカも走れるぞ」と遠山さんも太鼓判。

日本のことをもっと知りたい。旅を応援してくれた人たちに、直接会ってお礼が言いたい。新生・ジミーくんとともに、わたしは日本を周る旅に出た。

自転車にこだわるつもりもなかったけど、お金も尽きてしまったことだし、何よりも、その国のことを深く知るには、自転車が一番。

2017年の夏にスタートし、4ヶ月間で約4000㎞を走った。

中でもわたしを魅了したのは、各地に伝わる繊細で美しい日本の手仕事。

シナの木の樹皮を洗って煮て繊維にし、それを織り上げて作る「シナ織り」や、江戸時代から続く「藍の発酵建て」から生まれるジャパンブルー、塩となたね油だけでシカ皮をなめす「白なめし」……。北海道ではまたしてもエゾシカを拾い、北九州では旅の写真をはじめて路上販売した。震災を機に東北に帰り、前よりも面白い場所を作ろうと頑張る若者や、火事で全焼してしまった工房をみんなで楽しく建て直そうとしている人たちからも、パワーをもらった。

他にもたくさんあるが、ここには到底書ききれないのでまたの機会に。

どこに行っても温泉があるし、海の幸、山の幸、和、洋、中、何を食べてもおいしい。これほど豊かな文化や自然に恵まれた国に生まれたことに改めて感謝するとともに、未来の世代に残していくことへの責任も感じる。

現実から逃げたくて、優柔不断な自分を変えたくて旅に出た。

だけど、人はそんなに簡単に変われない。わたしは今も優柔不断だし、人目を気にしてしまうし、ちょっとのことで一喜一憂する脆くて弱い人間だ。でも、自分の弱さを認めて、人のやさしさを受け入れられるようになった。

逃げてもいい。どうせまた同じ壁にぶつかるのだ。だからこそ、逃げて逃げて逃げまくって、いつかその時が来たら乗り越えればいい。

時間も約束も守らないけれど、旅先で出会った彼らはいつも「今」を生きていた。常識も当たり前も、本当はない。雨風しのげる場所で眠れることも、毎日おいしいごはんが食べられることも、今日こうして笑って泣いて生きていること自体も奇跡でしかない。

日本の便利さの中に身をおくと、いつしかそんなことも忘れてしまう。そうしたらまた旅に出よう。旅はいつもシンプルな幸せに気付かせてくれるのだから。

謝辞

最後になりましたが、この本に書ききれなかったたくさんの人たちにも本当にお世話になりました。旅中、家や食事を提供してくださった人、お友達を紹介してくださった人、カンパをくださった人、的確なアドバイスをくださった諸先輩方、サポートしていただいたモンベル様、いつも叱咤激励し応援してくれる大好きな家族や友人、温かく見守ってくださったみなさんの支えなくしては、この旅は叶いませんでした。

また、本を作るにあたり、泊まり込みでカラーページを一緒に作ってくれたのんちゃん、素敵な表紙絵を描いてくれたぱんちゃん、ありがとう。当初から相談にのってくれたさっちゃん、貴重なアドバイスをくださった江本さん、デザインをしてくださった安藤順さん、そして「一緒に本を作りましょう」と言ってくださった出版舎ジグの十時由紀子さんには感謝してもしきれません。何度も打ち合わせを重ね、わたしに欠けている視点を補足し、粘り強く指導していただいたおかげで、飽きっぽいわたしもどうにかやり遂げることができました。

その他、出版に関わってくださったすべての方々、そしてこの本を手に取り、読んでくださった読者の皆様に深く御礼申し上げます。

2019年　初秋

青木麻耶

や理科の学習とともに知性や感性を育む教育を行う公立学校．道具も設備も本格的．
https://edibleschoolyard.org

ペルー

▶**Lares Trek** @クスコ〜マチュピチュ P67-68
https://www.samtravelperu.com/
▶**Media Luna** @ウルバンバ P69-72
https://turismoruralmedialuna.wordpress.com/
▶**Centro de Textiles Tradicionales del Cusco** @チンチェーロ P74-75, 104-105：織物や糸紡ぎを教え，次世代へ繋ぐ活動をしているNPO法人．ワークショップやツアー，ボランティアの受け入れもしている．
https://www.textilescusco.org
▶**チチカカ湖ツアー** P77-80,104：プーノの街は湖畔にツアー会社がたくさん．わたしが参加したのは１泊２日でウロス，アマンタニ，タキーレの３島を巡るツアー．

ボリビア

▶**Huayna Potosi** @ラパス P82-87：標高6,088mまでガイド料と道具一式，食事，宿泊全て込みのツアー．高度順応を考えるとアイスクライミング体験もできる2泊3日がお勧め．1,000ボリ（約16,000円）と格安．
http://www.highcamplodge.com/

アルゼンチン

▶**Champañera Miguel Más** @サン・ホアン P121
https://miguelmas.com.ar/
▶**CIDEP**（Centro de Investigación, Desarrrollo y Enseñanza en Permacultura）@エル・ボルソン P194-196
https://sites.google.com/a/cidep.org/cidep/acerca-de-cidep

チリ

▶**Paul & Konomi' s house** @ラ・フンタ P143-146,148-149
https://www.australgardenroute.com/paulkonomi
▶**Minga Alegre** @コジャイケ：ナチュラルビルディングやコンポストトイレ，ヒートベンチなどがある家族経営のパーマカルチャーセンター．
https://www.facebook.com/Minga-Alegre-434467520020437/

わたしが訪ねた　素敵な場所＆ツアー情報

(本文に記載のないものもあります)

カナダ

▶ **Lee Road Community Farm** @ソルトスプリング島 P29-32，36-37
https://www.facebook.com/TheInscrutableCompound/

▶ **Mason Street City Farm**@バンクーバー島：温室内で魚のフンを栄養に野菜を育てるアクアポニックシステムの都市型農園．野菜、苗や苗木も販売．
http://masonstreetfarm.com

アメリカ

▶ **Bullock's Permaculture Homestead** @オーカス島 P32-33
https://permacultureportal.com

▶ **Beacon Food Forest** @シアトル：市民農園の一角を解放，誰でも収穫OK．パーマカルチャーコースの卒業制作としてデザインされた．
https://beaconfoodforest.org

▶ **Cully Grove**@ポートランド P40
https://cullygrove.org

▶ **Village Building Convergence** @ポートランド P41
https://villagebuildingconvergence.com

▶ **ReBuilding Center** @ポートランド P41
https://www.rebuildingcenter.org/

▶ **Blue Blossom Farm** @ユーリカ：牛とニワトリを飼い，野菜・ベリー・花を少量多品目で作る農場．カカオ殻を使ったよい香りのコンポストトイレ，絞りたての無殺菌牛乳などが印象的．warmshowers(P253)で見つけ，直前の連絡で受け入れてくれた．
https://www.facebook.com/blueblossomfarm/

▶ **Casa de Paz** @オークランド P56-57
https://www.servicespace.org/blog/view.php?id=15458

▶ **PLACE for sustainable living** @オークランド：タイニーハウス，ロケットマスヒーター，グレイウォーターシステム等コンパクトでありながらパーマカルチャーの要素がぎっしり．
https://www.place.community

▶ **Free Farm stand**@サンフランシスコ P57
https://www.facebook.com/freefarmstand/

▶ **エディブルスクールヤード** @バークレー：共に育て，共に食べる「食」を通して，算数

使ったお金

（※わたしの性格そのもの、
超ざっくり計算です）

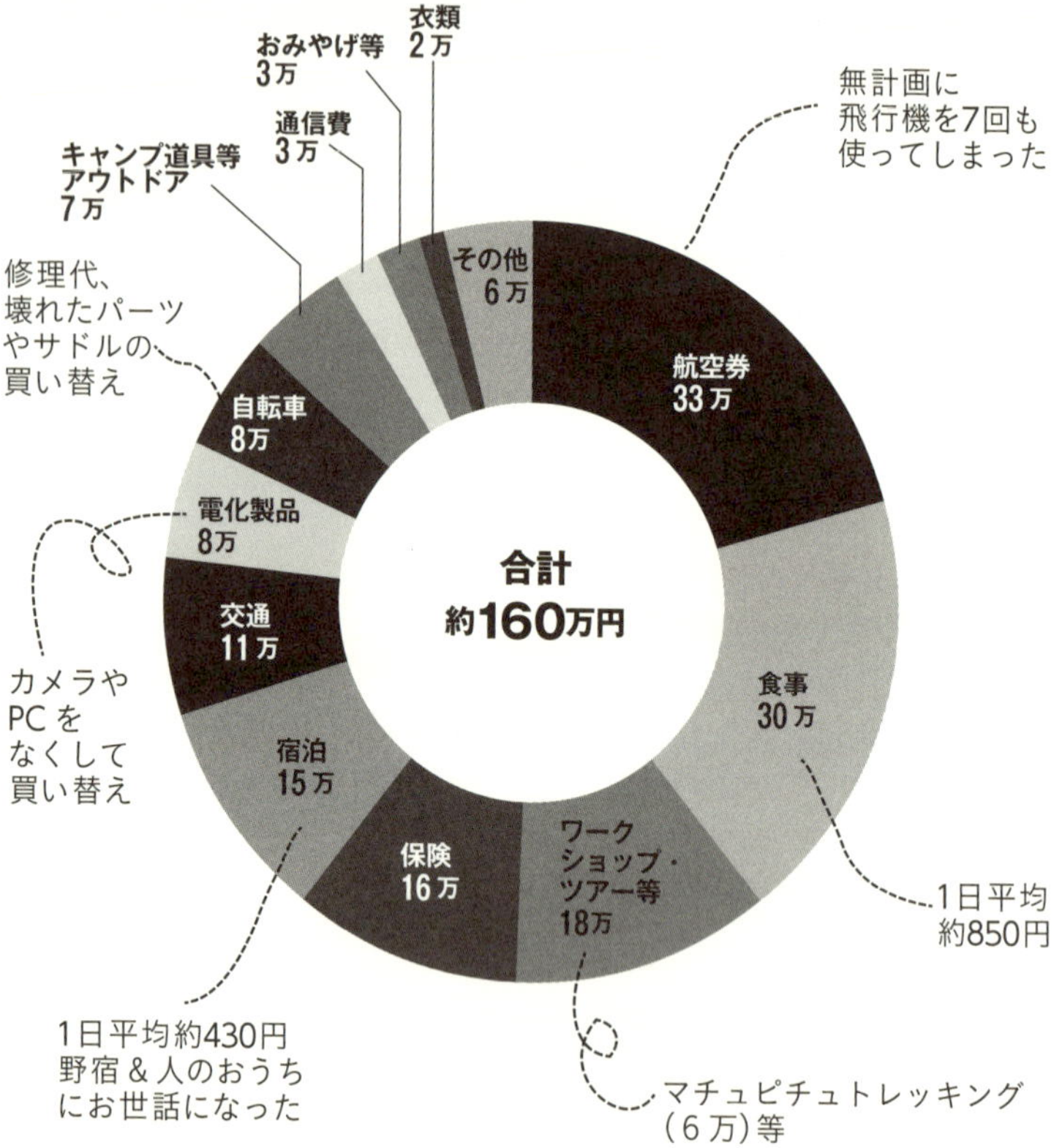

キューバ

▶ **El Romero** @ラス・テラサス：自家農場で採れた無農薬野菜を使ったエコレストラン. ソーラーエネルギーで調理, 先住民の使った土器で水をろ過, ゴミも出ないよう全て循環. 見た目も味も斬新な料理はキューバで食べた中でダントツだった.
https://foodwatershoes.com/2018/02/18/el-romero-las-terrazas-cuba/

メキシコ

▶ **El Pedregal** @オアハカ　P224
https://www.insoaxaca.org/el-pedregal

▶ **Nafual-ha** @サンクリ P228-229：毎週土曜日, マヤの伝統的セレモニー「テマスカル」を実施している.
https://www.facebook.com/nahualha/

便利なサービス・アプリ

▶ **ACML**（アドベンチャーサイクリング・メーリングリスト）
世界中を旅する自転車旅行者の情報共有メーリス. 各地の治安情報, 走行情報, アドバイス等, 蓄積された情報とネットワークは本当に貴重.

▶ **maps.me**　オフラインで使える地図アプリ. 自転車のルート案内もでき, 標高差もわかるので便利だが, たまにとんでもない道に案内されるので要注意.

▶ **couchsurfing.com**　自宅を宿として無料提供し合うサイト. 旅に出ている時はゲスト, 家にいるときはホストとなる相互援助のしくみ.

▶ **warmshowers.org**　couchsurfingの自転車旅行者特化版. ホストも自転車旅行経験者であることが多く, 走行ルートのアドバイスや自転車の整備や修理を手伝ってくれることもあり, 本当にありがたかった.

▶ **iOverlander.com**　陸路旅情報サイト. 野宿スポット, 安宿, レストラン, 危険情報等, 他の旅人が残してくれた情報を地図上で確認できる. アプリはオフラインでも使える。

▶ **MapMyRide.com**　サイクルメーター＆GPSロガー. 飛行機モードで使えばそんなに電池を消耗しない.

▶ **SpanishDict.com**　オフラインで使える英西辞典. 動詞の活用が便利.

▶ **Google翻訳**　オフライン版のダウンロードあり. 英語⇄スペイン語は高精度.

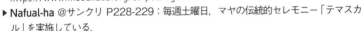

青木麻耶（あおき・まや）

神奈川県横浜市出身．農学部森林科学科卒業後，就職した大手企業を1年半で辞め，山梨県都留市に移住．NPO法人で農体験や家づくりのワークショップ，馬耕，子どもキャンプなどに携わる．趣味でわな猟を始め，ジビエ料理や皮なめしを研究する中で，先人の知恵や文化に興味を持つようになる．

2016年5月から1年間，北米・南米８カ国を自転車で旅し，各地の持続可能な暮らしや手仕事を見て周る．帰国後，2017年夏からは約半年間で31都道府県を自転車で走り，伝統文化や手仕事，自然と寄り添った暮らしを営む人たちと出会う．

今後も世界と日本のディープな魅力を見つけ，情報発信を続けていく．

ブログ「まやたろの体当たり日記」

https://www.mayatarо.life

ななといろペダル

世界の果てまで自転車で

2019年9月9日　初版発行

著者　青木麻耶

カバーイラスト　冨澤　歩
地図・表紙イラスト　三島　希
カバー袖イラスト　小堀晴野

組版・装幀　安藤　順

印刷・製本　中央精版印刷株式会社

ISBN 978-4-909895-02-8 C0026
価格　1600円（税抜）

発行人　十時由紀子

発行所　出版舎 ジグ
〒156-0043　東京都世田谷区松原1-25-9
FAX　03-6740-1991
Email　rentoto1229@gmail.com
https://jig-jig.com/

jig-02

音符のような台所のおたまのようなロゴと
厨房のような屋号で、出版社を始めます

響かせる
個からの発信
孤立からの発信

出版舎
ジグ

望月えりか 著

見飽きるほどの虹

アイルランド　小さな村の暮らし

1800円＋税　　四六判変型 272頁
ISBN　978-4-909895-01-1

ヨーロッパ西端のアイルランド島は、北海道とほぼ同面積・人口密度の「島中が緑の丘」の島。その美しい風景、固有の言語やカトリック習俗、独自の音楽文化を大切に保つ地域も多い。音楽の魅力に導かれて日本からこの国の南西部の小さな村を訪れ、家族を持ちコミュニティの一員となった一人の女性が、地に足をつけるべく積み上げる日々の記録。耕し育て、紡ぎ奏で、友と繋がり暮らすことの価値を教えてくれる。

出版舎ジグのサイトで望月えりかさんのエッセイが読めます。

https://jig-jig.com/